EL LECHO DE PROCUSTO

PAIDÓS CONTEXTOS

Últimos títulos publicados:

b. hooks, *Comunión*
R. Dunbar, *Amigos*
N. deGrasse Tyson, *Mensajero de las estrellas*
I. Gaspari, *Pequeño manual filosófico para personas emotivas*
S. Black, *Todo lo que queda*
M. Schwartz, *La sabiduría del viejo profesor*
H. Sauer, *La invención del bien y del mal*
J. Baggini, *El Evangelio sin Dios*
Confucio, *Los cuatro libros*
T. Papakostas, *Cómo meter toda la Antigua Grecia en un ascensor*
A. Rutherford y H. Fry, *La guía completa de absolutamente todo*
N. Krishnan, *Una aventura terriblemente seria*
U. Özkırımlı, *Cancelados*
L. Shiner, *La invención del arte*
N. N. Taleb, *Antifrágil*
B. Delaney, *Cómo dejar de preocuparte*
M. Gawdat, *La inteligencia que asusta*
M. Wittig, *El pensamiento heterosexual*
J. Eichler, *El eco del tiempo*
S. Žižek, *El plus de goce*
S. Zweig, *Correspondencia*
M. Onfray, *Ánima*
J. Martín-Fernández, *Dime qué sientes*
R. Peckham, *Miedo*
N. N. Taleb, *El cisne negro*
A. Zafirakaou, *Lecciones de vida*
N. deGrasse Tyson, *Cartas de un astrofísico*
S. Ghose, *Su espacio, su tiempo*
O. Laing, *El viaje a Echo Spring*
R. Yuste Rojas, *El cerebro, el teatro del mundo*
D. J. Siegel, *Viaje al centro de la mente*
P. Bringley, *Toda la belleza del mundo*
C. López-Otín, *La levedad de las libélulas*
M. Jay, *Psiconautas*
K. Kitagawa y T. Revell, *La vida secreta de los números*
S. Magsamen y I. Ross, *Tu cerebro quiere arte*
D. Darling, *¡Buuum!*
A. Comte-Sponville, *Sobre el cuerpo*
N. N. Taleb, *El lecho de Procusto*

NASSIM NICHOLAS TALEB

EL LECHO DE PROCUSTO

Aforismos filosóficos y prácticos

Traducción Genís Sánchez Barberán

PAIDÓS Contextos

Título original: *The Bed of Procrustes*, de Nassim Nicholas Taleb
Publicado originalmente en inglés por Random House, un sello editorial de The Random House Publishing Group, una división de Random House, Inc., Nueva York.

1.ª edición, marzo de 2018
1.ª edición en esta presentación, enero de 2025

Paidós es un sello editorial de Editorial Planeta, S. A.
Avda. Diagonal, 662-664
08034 Barcelona, España
www.paidos.com
www.planetadelibros.com

ISBN: 978-84-493-4325-4
Fotocomposición: Realización Planeta
Depósito legal: B. 21.432-2024
Impresión y encuadernación en Arteos Digital

Impreso en España – *Printed in Spain*

PEFC Certificat
Aquest llibre procedeix de boscos gestionats de forma sostenible
PEFC
PEFC/14-38-00305
www.pefc.es

Para Alexander N. Taleb

SUMARIO

PROCUSTO

En la mitología griega, Procusto fue el cruel propietario de una pequeña hospedería de Coridalo, Ática, a medio camino entre Atenas y Eleusis, donde se llevaban a cabo los ritos mistéricos. Procusto tenía un sentido de la hospitalidad muy particular: secuestraba a los viajeros, les ofrecía una generosa cena y luego los invitaba a pasar la noche en una cama un poco especial. Quería que encajaran en el lecho a la perfección. A quienes eran demasiado altos les cortaba las piernas con un hacha afilada; a los que eran demasiado bajos los estiraba (se decía que su nombre era Damastes o Polifemo, pero se le dio el apodo de Procusto, que significa «estirador»).

En el más puro acto de justicia poética, a Procusto le salió el tiro por la culata. Uno de los viajeros resultó ser el intrépido Teseo, que más adelante, en su heroica carrera, mataría al Minotauro. Después de la consabida cena, Teseo hizo que Procusto yaciera en su propio lecho y, para que encajara en él con la perfección habitual, lo decapitó. Así siguió Teseo el método de Hércules de pagar con la misma moneda.

En otras versiones más siniestras (como la que consta en la *Biblioteca* de Pseudo-Apolodoro), Procusto tenía dos camas, una pequeña y otra grande; hacía que las víctimas de corta estatura se echaran en la grande y que las altas yacieran en la pequeña.

Cada aforismo que aparece aquí trata de una especie de lecho de Procusto: nosotros, los seres humanos, al afrontar los límites del conocimiento y las cosas que no observamos, lo oculto y lo desconocido, resolvemos la tensión embutiendo la vida y el mundo en ideas claras y trilladas, en categorías reduccionistas, en vocabularios específicos y en narraciones manidas que, en ocasiones, tienen consecuencias explosivas. Además, parecemos no ser conscientes de este «retroencajamiento», como sastres que se enorgullecen de haber entregado un traje perfectamente ajustado tras alterar quirúrgicamente las extremidades de sus clientes. Por ejemplo, pocos se dan cuenta de que estamos cambiando los cerebros de los escolares con ciertos fármacos para que se ajusten al currículo y no al revés.

Puesto que los aforismos pierden su encanto cuando se explican, de momento solo insinúo el tema central de este libro y dejo para el epílogo discusiones más elaboradas. Son pensamientos independientes y comprimidos en torno a mi idea principal de *cómo abordamos, y cómo deberíamos abordar, lo que no sabemos*, cuestiones que examino con más profundidad en mis libros *El cisne negro* y *¿Existe la suerte?*[1]

1. Mi empleo de la metáfora del lecho de Procusto no se refiere únicamente a colocar algo en la caja que no corresponde; se refiere, más que nada, a la operación inversa de cambiar la variable que no corresponde, en este caso la persona en lugar del lecho. Obsérvese que todo fracaso de lo que llamamos «sabiduría» (unida a la destreza técnica) se puede reducir a una situación de lecho de Procusto.

Aviso

Los aforismos son diferentes de un texto convencional. El autor recomienda no leer más de cuatro de una sentada. También es preferible elegirlos al azar.

EL LECHO DE PROCUSTO

PRELUDIOS

La persona a la que más temes contradecir es a ti mismo.

—

Una idea empieza a ser interesante cuando te asusta llevarla a su conclusión lógica.

—

La gente está mucho menos interesada en lo que tratas de mostrarle que en lo que tratas de esconder.

—

Las empresas farmacéuticas son mejores inventando enfermedades que encajen con fármacos existentes que inventando fármacos que encajen con enfermedades existentes.

—

Para entender el efecto liberador del ascetismo, considera que perder toda tu fortuna es mucho menos doloroso que perder solo la mitad.

—

Para llevar a un tonto a la quiebra, dale información.

—

El mundo académico es al conocimiento lo que la prostitución es al amor: a primera vista se parecen, pero no son exactamente lo mismo para el que no es un incauto.[2]

—

En ciencia necesitas entender el mundo; en los negocios necesitas que no lo entiendan los demás.

—

Sospecho que condenaron a muerte a Sócrates porque hay algo muy alienante, poco atractivo y escasamente humano en pensar con demasiada claridad.

—

La educación hace al sabio un poco más sabio, pero hace que el tonto sea muchísimo más peligroso.

2. Hace falta precisar más. Hay excepciones, pero también hay muchos casos conocidos de prostitutas que se enamoran de clientes.

La prueba de la originalidad de una idea no es la ausencia de un único predecesor, sino la presencia de muchos pero incompatibles.

—

El doble castigo de la modernidad es hacernos envejecer prematuramente y vivir más.

—

Un erudito es alguien que expone menos de lo que sabe; es lo contrario de un periodista o un asesor.

—

Tu cerebro es más inteligente cuando no le dices qué hacer, algo que a veces descubre la gente al ducharse.

—

Si tu ira disminuye con el tiempo, has cometido una injusticia; si aumenta, es que la has sufrido tú.

—

Me pregunto si quienes propugnan la generosidad por las recompensas aparejadas se dan cuenta de la incoherencia de semejante propuesta, o si lo que llaman generosidad es más bien una estrategia de inversiones atractiva.[3]

3. Un acto de generosidad es, precisamente, lo que no debería aspirar a ninguna recompensa, sea económica, social o emocional; es

Quienes piensan que la religión trata de «creencias» ni entienden la religión ni entienden las creencias.

—

El trabajo te destruye el alma invadiéndote furtivamente el cerebro durante las horas que, oficialmente, no dedicas a trabajar; sé selectivo con las profesiones.

—

En la naturaleza nunca repetimos el mismo movimiento; en cautiverio (la oficina, el gimnasio, el trayecto al lugar de trabajo, el deporte), la vida no es más que una lesión por estrés repetitivo. No hay aleatoriedad.

—

Usar como excusa la falta de sentido común de otra persona es, de por sí, una falta de sentido común.

—

Adaptarse a la camisa de fuerza de la restrictiva lógica (aristotélica) no es lo mismo que evitar incoherencias fatales.

deóntico (observancia incondicional de los deberes) y no utilitario (aspirando a algún beneficio colectivo —o incluso individual— en cuanto a bienestar). No hay nada de malo en los actos «generosos» que suscitan una sensación de bienestar o prometen la salvación de quienes los realizan; pero no se deben confundir lingüísticamente con actos deónticos, que nacen del puro sentido del deber.

La economía no puede asimilar la idea de que lo colectivo (y el conjunto) son desproporcionadamente menos previsibles que los individuos.

—

No hables de «progreso» en términos de longevidad, seguridad o comodidad antes de comparar los animales de un zoo con los que viven en libertad.

—

Si por la mañana sabes cómo será tu día con cierta precisión, es que estás un poco muerto: cuanta más precisión, más muerto estás.

—

No hay un estado intermedio entre el hielo y el agua, pero hay uno entre la vida y la muerte: un empleo.

—

Tienes una vida calibrada cuando la mayor parte de lo que temes ofrece la posibilidad excitante de la aventura.

—

La procrastinación es el alma que se rebela ante una trampa.

—

Nadie quiere ser perfectamente transparente; no para los demás y, desde luego, no para sí mismo.

—

Erudición sin sandeces, intelecto sin cobardía, coraje sin imprudencia, matemáticas sin frikismo, saber sin academia, inteligencia sin sagacidad, religiosidad sin intolerancia, elegancia sin blandura, sociabilidad sin dependencia, placer sin adicción, religión sin tolerancia y, sobre todo, nada sin jugarse algo.

CONTRANARRACIONES

A la gente no le gusta que le pidas ayuda; también se siente excluida cuando no se la pides.

—

La mejor venganza contra un mentiroso es convencerle de que crees lo que ha dicho.

—

Cuando queremos hacer algo y creemos inconscientemente que fracasaremos, buscamos consejo para poder culpar del fracaso a alguien más.

—

Francia se hizo con Argelia esperando que el país comiera *cassoulet* y resulta que, ahora, Francia come cuscús.

—

Es más difícil decir no cuando lo dices en serio que cuando no es así.

—

Nunca digas no dos veces si lo dices en serio.

—

Tendemos a definir la rudeza no tanto por las palabras usadas (lo que se dice) como por el estatus del receptor (a quién se dirigen).

—

Lo que más daña tu reputación es lo que dices para defenderla.

—

La única definición objetiva del envejecimiento es que comienza cuando una persona empieza a hablar de ello.

—

Te envidiarán por tu éxito, tu riqueza, tu inteligencia, tu aspecto, tu estatus, pero rara vez por tu sabiduría.

—

La mayor parte de lo que llaman humildad es arrogancia bien disfrazada.

Gran parte de la diferencia entre lo que es trabajo y lo que es ocio está en la marca.

—

Si quieres que la gente lea un libro, dile que está sobrevalorado.

—

Nunca ganamos una discusión hasta que nos atacan en términos personales.

—

El hipócrita moderno llama «respeto» a lo que no es sino miedo al poderoso.

—

Nada es más permanente que los planes, los déficits, las treguas y las relaciones «provisionales»; y nada hay más provisional que los que son «permanentes».

—

El primero que utiliza «pero» ha perdido la discusión.

—

Los momentos más penosos no son los que pasamos con personas poco interesantes; son más bien los que pasamos con gente poco interesante que se esfuerza en serlo.

El odio es amor con un error en algún punto del programa informático: se puede corregir, pero es difícil de descubrir.

—

La mayoría de los errores empeoran cuando tratas de enmendarlos.

—

Me pregunto si un enemigo acérrimo estaría celoso si se diera cuenta de que he odiado a otro.

—

La principal razón para ir a la escuela es aprender a *no* pensar como un profesor.

—

El rasgo característico del fracasado es lamentarse, en términos generales, de los defectos, los prejuicios, las contradicciones y la irracionalidad de la humanidad, pero sin explotarlos para su propia diversión y beneficio.

—

La prueba de que realmente te ha gustado un libro es que lo has vuelto a leer (y cuántas veces lo has hecho); la prueba de que realmente te ha gustado la compañía de alguien es que quieras reunirte con él una y otra vez. El resto es marear la perdiz o esa variedad de sensiblería que ahora se llama autoestima.

Si alguien se esfuerza en ignorarte, es que no te ignora.

—

Preguntamos «¿por qué alguien es rico (o pobre)?», no «¿por qué no es más rico (o más pobre)?»; «¿por qué la crisis es tan profunda?», no ¿«por qué no es más profunda?».

—

Una de las intrigas de la vida es hacer que algunas personas sean ricas e infelices, es decir, al mismo tiempo frágiles y sin esperanza.

—

El odio es mucho más difícil de fingir que el amor. Oímos hablar de falso amor; nunca de falso odio.

—

A veces la gente te hace una pregunta y sus ojos te ruegan que no le digas la verdad.

—

Lo contrario de coraje no es cobardía; es tecnología.

—

Normalmente, cuando decimos de alguien que «sabe escuchar» es que tiene una indiferencia muy lograda.

En tus oraciones, sustituye «líbranos del mal» por «líbranos de quienes mejoran cosas por un salario».

—

Lo que hace atractivas a las personas es la apariencia de incoherencia, no su ausencia.

—

Recuerdas mejor los correos electrónicos que has enviado sin recibir respuesta, que los que no has contestado tú.

—

No leas nunca la reseña de un libro escrita por un autor cuyos libros no leerías jamás.

—

La gente reserva cumplidos normales para quienes no amenazan su orgullo; a los otros los suele elogiar llamándoles «arrogantes».

—

El sueño de que los ordenadores se comporten como seres humanos se está haciendo realidad en una sola generación con la transformación de los seres humanos en ordenadores.

—

A partir de Catón el Viejo ha aparecido una clase de madurez en la que uno empieza a acusar a la nueva generación de «superficialidad» y a ensalzar a la anterior por sus «valores».

—

Casi todos los pillados incurriendo en una falacia lógica la interpretan como un «desacuerdo».

—

Es tan difícil evitar fastidiar a los demás con consejos sobre el ejercicio regular y sobre otras cuestiones relacionadas con la salud, como seguir un programa de ejercicios.

—

Al elogiar a alguien por su falta de defectos también insinúas su falta de virtudes.

—

Si los imbéciles con poder no te encuentran «arrogante» significa que haces algo mal.

—

Cuando ella te grita que lo que has hecho es imperdonable, ya ha empezado a perdonarte.

—

Carecer de imaginación solo es un problema si te aburres con facilidad.

—

La gente siente una profunda ansiedad si ve que alguien a quien consideraba estúpido en realidad es más inteligente que ella.

—

Llamamos narcisistas a quienes se comportan como si fueran el ombligo del mundo; a quienes hacen exactamente lo mismo en pareja los llamamos amantes o, mejor aún, «bendecidos por el amor».

—

La amistad que termina nunca lo ha sido; al menos había un incauto en ella.

—

La mayoría de la gente teme quedarse sin estimulación audiovisual porque cuando piensa y se imagina cosas por su cuenta es demasiado repetitiva.

—

Cuando alguien escribe «no me caes bien pero estoy de acuerdo contigo», leo «no me caes bien porque estoy de acuerdo contigo».

El odio no correspondido es muchísimo peor para el yo que el amor no correspondido. No puedes pagar con la misma moneda.

—

Un gobierno que diga: «No nos quedaremos de brazos cruzados ante las atrocidades cometidas por [el dictador extranjero XYZ]», suele intentar mitigar la culpa por quedarse de brazos cruzados ante más atrocidades cometidas por XYZ.

—

A los compasivos les resulta más fácil reemplazar un pesar con otro pesar que con una alegría.

—

La sabiduría en los jóvenes es tan poco atractiva como la frivolidad en los ancianos.

—

Algunas personas solo son graciosas cuando intentan ser serias.

—

Es difícil frenar el impulso de revelar secretos en una conversación, como si la información tuviera el deseo de vivir y el poder de multiplicarse.

Dejar que otros ganen las batallas pequeñas es una manipulación muy poderosa.

—

Si quieres que te ayuden desconocidos, sonríe. Para quienes te son más cercanos, grita.

CUESTIONES ONTOLÓGICAS

La vida trata más de ejecución que de propósito.

—

Si te aburres con facilidad significa que tu detector de chorradas funciona como es debido; si olvidas (algunas) cosas significa que tu mente sabe filtrar; y si sientes tristeza significa que eres humano.

—

Confundir lo inadvertido con lo inexistente es una enfermedad muy reciente; pero algunos están afectados por una enfermedad peor: confundir lo inadvertido con lo inobservable.

—

Al menos una vez al día necesitamos sentirnos un poco perdidos, física o intelectualmente, en algún lugar.

La libertad suprema consiste en no tener que explicar por qué hemos hecho algo.

—

Pedir a la ciencia que explique la vida y algunas cuestiones vitales equivale a pedir a un gramático que explique la poesía.

—

La buena vida —la *vita beata*— es como leer una novela rusa: hay que bregar durante doscientas páginas con los personajes antes de empezar a disfrutar de las cosas. Entonces es cuando la agitación empieza a tener sentido.

—

No es posible divertirte cuando lo intentas.

—

Existes si y solo si eres libre de hacer cosas sin un objetivo visible, sin justificación y, sobre todo, fuera de la dictadura de una narración ajena.

—

La automatización hace que actividades por lo demás agradables se conviertan en «trabajo».

—

Pensar que todas las personas se guían por intereses «egoístas» equivale a suponer que todas las variables aleatorias tienen una covarianza cero.

—

Para que la vida sea realmente divertida, lo que temes debería coincidir con lo que deseas.

LO SAGRADO Y LO PROFANO

No puedes expresar lo sagrado en términos hechos para lo profano, pero puedes hablar de lo profano en términos hechos para lo sagrado.

—

El ateísmo (materialismo) supone tratar a los muertos como si no hubieran nacido. No lo haré. Al aceptar lo sagrado reinventas la religión.

—

El paganismo es teología descentralizada.

—

Si no puedes detectar espontáneamente (sin analizar) la diferencia entre lo sagrado y lo profano, nunca sabrás qué significa la religión. Tampoco entenderás nunca lo que comúnmente llamamos arte. Nunca entenderás nada.

La gente solía llevar ropa normal entre semana y atuendo formal los domingos. Hoy sucede exactamente lo contrario.

—

Para marcar una separación entre lo sagrado y lo profano, me doy un baño ritual después de cualquier contacto o correspondencia (incluso correos electrónicos) con asesores, economistas, profesores de la Harvard Business School, periodistas y personas que se dedican a actividades depravadas similares; así me siento purificado de lo profano y actúo como tal hasta la siguiente ocasión.

—

La religión no trata tanto de decir al hombre que hay un Dios como de impedir que el hombre piense que es Dios.

—

Cuantos menos son los dioses, mayores son el dogma y la intolerancia teológica. Así pues, $n = 0$ (ateos «modernos»), $n = 1$ (puristas sunitas), $n = 1\text{-}2$ (monofisistas), $n = 3\text{-}12$ (ortodoxia griega), *n* flex (paganismo mediterráneo antiguo).

—

El libro es el único medio que queda que no ha sido corrompido por lo profano: el resto de lo que incide en nuestros ojos nos manipula con un anuncio.[4]

—

Puedes sustituir una mentira con la verdad; pero un mito solo se reemplaza con una narración.

—

Lo sagrado trata de incondicionales; lo profano trata de condicionales.[5]

—

El Mediterráneo antiguo: antes del monoteísmo, la gente intercambiaba ritos y dioses como nosotros intercambiamos comidas étnicas.

—

La fuente de lo trágico en la historia es confundir lo incondicional para otra persona con lo condicional, y a la inversa.

4. Un comentario: tras una larga dieta de medios de comunicación me di cuenta de que no hay nada que no intente (con torpeza) vendernos algo. Solo me fío de mi biblioteca. No hay nada malo en poseer el libro físico como una manifestación de la debilidad humana, del deseo de presumir y alardear como señal de superioridad; lo que corrompe es el programa comercial externo al libro.

5. Por ejemplo, muchas personas tenidas por insobornables en realidad son demasiado caras.

Los ateos no son más que versiones modernas de los fundamentalistas religiosos: los dos se toman la religión de una manera demasiado literal.

—

Los restaurantes nos hacen entrar con comida para vendernos alcohol; las religiones nos hacen entrar con creencias para vendernos preceptos (como no contraer deudas). La gente puede entender la noción de Dios, no preceptos inexplicados, interdictos y/o heurística categórica.

—

Un ejemplo categórico: es más fácil ayunar que seguir una dieta. No podemos ser «ligeramente» *kosher* o *halal* comiendo solo un poco de jamón.

—

Para curarte por completo de los periódicos, pásate un año leyendo periódicos de la semana pasada.

AZAR, ÉXITO, FELICIDAD Y ESTOICISMO

El éxito es llegar a ser en la madurez lo que soñabas ser de niño. Lo demás viene de perder el control.

—

Lo contrario del éxito no es el fracaso; es dárselas de conocer a gente importante.

—

La modernidad necesita entender que, desde el punto de vista matemático, personal, social y ético, ser rico no es lo mismo que hacerse rico.

—

Corolario: si alternas con alguien cuya cuenta bancaria es más pequeña que la tuya, estás obligado a conversar como si dispusieras exactamente de los mismos recursos económicos y comieras en los mismos lugares: no enseñes en ningún momento las fotos de tus vacaciones en la Costa Azul ni nada que indique la diferencia de recursos.

—

No te haces completamente libre evitando ser un esclavo; también debes evitar convertirte en dueño.[6]

—

La fortuna castiga al codicioso haciéndolo pobre y al muy codicioso haciéndolo rico.

—

Es muy revelador de las preferencias humanas que haya más suicidios debidos a la vergüenza o a la pérdida de estatus económico y social que por diagnósticos médicos.

—

Las guerras comerciales las suelen perder las dos partes; las guerras académicas las ganan las dos.

—

Estudiar la obra y los hábitos intelectuales de un «genio» para aprender de él es como estudiar el atuendo de un chef para emular su cocina.

6. A lo largo de la historia se han repetido y redescubierto versiones de esta observación: la última de las convincentes es obra de Montaigne.

El término «rico» carece de sentido y no tiene una medida absoluta robusta; usa en su lugar la medida sustractiva de la «no riqueza», es decir, la diferencia, en cualquier momento dado, entre lo que tienes y lo que te gustaría tener.

—

Nunca sabrás con seguridad si alguien es un idiota hasta que se haga rico.

—

La gente mayor es más hermosa cuando posee aquello de lo que carecen los jóvenes: porte, erudición, sabiduría, frónesis y esa ausencia posheroica de agitación.

—

Fui a un congreso sobre la felicidad; los investigadores parecían muy infelices.

—

Lo que los tontos llaman «perder el tiempo» es casi siempre la mejor inversión.

—

El declive empieza con la sustitución de sueños por recuerdos y acaba con la sustitución de recuerdos por otros recuerdos.

No hay señal más clara de fracaso que un hombre de edad madura presumiendo de su rendimiento en la universidad.

—

Evita caer mal sin ser envidiado ni admirado.

—

No leas nada de los últimos cien años; no comas fruta de los últimos mil años; no bebas nada de los últimos cuatro mil años (solo vino y agua); pero no hables con ningún hombre normal que tenga más de cuarenta años. Un hombre sin inclinaciones heroicas empieza a morir a los treinta.

—

Algunas ocupaciones son mucho más aburridas desde dentro. Incluso la piratería, dicen.

—

Karl Marx, un visionario, entendió que podemos controlar mejor a un esclavo convenciéndolo de que es un empleado.

—

Me pregunto cuántas personas buscarían una riqueza excesiva si no conllevara una medida de estatus.

Los países católicos tenían más monogamia serial que hoy, pero sin necesidad de divorcio: la esperanza de vida era corta; la duración de los matrimonios lo era mucho, muchísimo más.

—

Para calcular cómo te irán las cosas dentro de diez años en relación con otra persona, cuenta tus enemigos, cuenta los suyos y eleva la proporción al cuadrado.

—

La manera más rápida de hacerse rico es alternar con pobres; la manera más rápida de hacerse pobre es alternar con ricos.

—

La persona «alfa» en una reunión de gente de «alto estatus» suele ser, claramente, el camarero.

—

Serás civilizado el día que puedas pasar un largo periodo de tiempo sin hacer nada, sin aprender nada y sin mejorar nada sin sentir la más mínima culpa.

—

Alguien que dice «estoy ocupado» o bien declara su incompetencia (y falta de control sobre su vida) o bien intenta deshacerse de ti.

El éxito en todos los empeños exige la ausencia de unas cualidades concretas. 1) Tener éxito en el delito requiere ausencia de empatía, 2) tener éxito en la banca exige ausencia de vergüenza por ocultar riesgos, 3) tener éxito en los estudios exige ausencia de sentido común, 4) tener éxito en economía exige ausencia de comprensión de las probabilidades, del riesgo, de los efectos de segundo orden o de cualquier otra cosa, 5) tener éxito en el periodismo exige la incapacidad de pensar en cuestiones que tengan alguna posibilidad, aunque sea infinitesimalmente pequeña, de tener importancia en enero del año siguiente. 6) Pero tener éxito en la vida exige una incapacidad total para hacer algo que te haga sentir incómodo cuando te miras en el espejo.

—

La diferencia entre los esclavos en la época de Roma y del Imperio otomano y los empleados de hoy es que los esclavos no tenían que adular a su jefe.

—

El beneficio natural de los teléfonos móviles, los ordenadores portátiles y otros aparatos modernos indispensables es la alegría que se siente al encontrar el objeto tras perderlo. Pierde tu cartera llena de tarjetas de crédito y tendrás la oportunidad de tener un gran día.

—

Eres rico si y solo si el dinero que rehúsas sabe mejor que el que aceptas.

No alternes con personas mucho más ricas que tú; pero si lo haces, que sea en tu propio terreno (restaurantes que te puedas permitir, vino, etc.).

—

Para la mayoría, el éxito es el paso perjudicial desde el bando de quienes aborrecen al bando de los aborrecidos.

—

Para ver si te gusta donde estás, sin las cadenas de la dependencia, comprueba si al volver eres tan feliz como al marcharte.

—

Puedes saber lo pobre que se siente alguien por el número de veces que menciona el «dinero» en su conversación.

—

La diferencia entre amor y felicidad es que quienes hablan de amor tienden a estar enamorados y quienes hablan de felicidad tienden a no ser felices.

—

Modernidad: hemos creado juventud sin heroísmo, edad sin sabiduría y vida sin grandeza.

—

Puedes saber lo poco interesante que es una persona preguntándole a quién encuentra interesante.

—

Internet es un lugar malsano para alguien sediento de atención.

—

Me pregunto si alguien ha medido alguna vez el tiempo que se tarda en una fiesta hasta que un desconocido con algo de éxito y que haya estudiado en Harvard lo pone en conocimiento de los demás.

—

La gente se fija en modelos de conducta pero es más eficaz encontrar antimodelos: personas a las que no quieres parecerte cuando crezcas.

—

Disculparte es siempre una práctica recomendable, salvo cuando has hecho algo mal.

—

La preocupación por la eficacia es el obstáculo principal para una vida poética, noble, elegante, robusta y heroica.

—

Algunos, como la mayoría de los banqueros, son tan inadecuados para el éxito que parecen enanos vestidos con ropa de gigantes.

—

No te quejes en voz alta de las maldades que has hecho; puedes dar ideas a tus enemigos menos imaginativos.

—

La mayoría de la gente alimenta sus obsesiones intentando deshacerse de ellas.

—

Es tan difícil cambiar las opiniones de alguien como cambiar sus gustos.

—

Lo que en general llamamos «éxito» (recompensas, estatus, reconocimiento, algún criterio nuevo) es un premio de consolación para quienes son infelices y no son buenos en lo que hacen.

—

Tengo los recuerdos más gratos de momentos pasados en lugares llamados feos, y los más aburridos de los pasados en lugares llamados pintorescos.

—

Es bueno no sentir envidia; pero es mejor no sentir envidia ni ser envidiado.

—

Sin duda, una buena forma física es señal de fortaleza, pero fuera de estímulos naturales la motivación para adquirirla puede indicar alguna debilidad profunda e incurable.

—

El encanto es la capacidad de insultar a otros sin que se ofendan; el frikismo es lo contrario.

—

Quienes no piensan que el empleo es esclavitud sistémica, o están ciegos o están empleados.

—

Nacen y los colocan en una caja; van a casa para vivir en una caja; estudian marcando casillas; van a lo que llaman «trabajo» en una caja, donde se sientan en la caja de un cubículo; conducen hasta el súper en una caja para comprar comida en una caja; van al gimnasio en una caja para sentarse en una caja; hablan de pensar sin «encajonamientos»; y cuando mueren los meten en una caja. Todo son cajas, cajas euclidianas, geométricamente lisas.

—

No contratemos nunca a un estudiante de matrícula a menos que sea para hacer exámenes.

—

Otra definición de modernidad: las conversaciones se pueden reconstruir de una manera cada vez más completa con fragmentos de otras conversaciones que tienen lugar en el planeta al mismo tiempo.

—

El siglo XX fue la quiebra de la utopía social; el XXI lo será de la tecnológica.

—

En los días de Suetonio, el 60 % de los educadores (gramáticos) de prestigio eran esclavos. Hoy, la proporción es del 97,1 % y va en aumento.

—

Los intentos de construir utopías sociales, políticas y médicas han causado pesadillas; muchas curas y técnicas proceden de intentos marciales.

—

La «conectividad» de Internet crea una forma peculiar de promiscuidad informativa y pseudosocial que hace que te sientas limpio después de un racionamiento de la red.

En la mayoría de los debates, la gente parece intentar convencerse mutuamente; pero todo lo que puede esperar es hallar nuevos argumentos para convencerse a sí misma.

—

¿Te has dado cuenta de que coleccionar obras de arte es a pintar por afición lo que mirar pornografía es a practicarla? La única diferencia es de estatus.

PROBLEMAS DE PRINGADOS ENCANTADORES Y NO TAN ENCANTADORES

El aspecto más deprimente de la vida de las parejas a las que furtivamente ves discutir en restaurantes es que casi nunca son conscientes del verdadero tema de la discusión.

—

Parece que las personas con menos éxito son las que dan más consejos, sobre todo en cuestiones relacionadas con la escritura y con asuntos económicos.

—

No formes nunca una sociedad comercial con un abogado jubilado a menos que tenga otra afición.

—

Los rumores solo tienen valor cuando se niegan.

El problema de los académicos es que realmente creen que los no académicos los encuentran más inteligentes.

—

A la larga es más probable que te engañes a ti mismo que no que engañes a otros.

—

Las universidades han pasado de ofrecer conocimientos por una cantidad pequeña a vender títulos a un precio elevado.

—

Hay dos clases de personas: las que intentan ganar y las que intentan ganar discusiones. Nunca son las mismas.

—

La heurística racional es evitar cualquier comentario sobre el mercado de alguien que tenga que trabajar para vivir.

—

Normalmente, la gente se disculpa para poder volverlo a hacer.

—

La matemática es al conocimiento lo que una mano artificial es a la real: una amputación que suplir.

—

La modernidad impone a las actividades una narración de pringados: ahora «caminamos para hacer ejercicio», no «caminamos» sin más; por razones ocultas.

—

La burocracia es una construcción diseñada para maximizar la distancia entre alguien que toma decisiones y los riesgos de una decisión.

—

Los medios sociales son muy antisociales, los alimentos naturales son empíricamente malsanos, los trabajadores del conocimiento son muy ignorantes y las ciencias sociales no tienen nada de científicas.

—

La gente tiende a susurrar cuando dice la verdad y alza la voz cuando miente.

—

Para muchos, en lugar de buscar una «causa de la muerte» cuando fallecen, deberíamos buscar una «causa de la vida» cuando aún siguen por aquí.

En caso de opacidad, información incompleta y comprensión parcial, mucho de lo que no entendemos se etiqueta como «irracional».

—

Los que utilizan a otros son los que más se alteran cuando alguien los utiliza a ellos.

—

Si alguien te da más de una razón por la que quiere el trabajo, no lo contrates.

—

Los programas ejecutivos nos permiten observar a gente que nunca ha trabajado sermoneando a los que nunca han reflexionado.

—

Fallo de pensamiento de segundo orden: uno te cuenta un secreto y de alguna manera espera que lo guardes cuando él mismo acaba de demostrarte que no es capaz de guardarlo.

—

Cuando la gente dice «estoy invirtiendo a largo plazo» quiere decir que está perdiendo dinero.

—

Las redes sociales presentan información sobre lo que gusta a la gente; más informativo sería que describieran lo que no le gusta.

—

El hecho de que los habitantes de países con clima frío tiendan a ser más trabajadores, más ricos, menos relajados, menos amigables, menos tolerantes a la ociosidad, más (super) organizados y más agobiados que los de países con climas más cálidos, debería hacer que nos preguntemos si la riqueza es mera indemnización y si la motivación es simplemente sobrecompensación por no tener una vida de verdad.

—

Todo rumor sobre un personaje público se debe considerar falso hasta que amenace con poner una demanda.

—

La gente es tan propensa a la sobrecausalidad que puedes hacer que el reservado se haga locuaz dejando caer de vez en cuando un «¿por qué?» en la conversación.

—

No muestres nunca una cifra de riesgo aunque sea correcta.

—

He de recordarme constantemente que un pensador verdaderamente independiente puede tener el aspecto de un contable.

TESEO O VIVIR LA VIDA PALEOLÍTICA

Las tres adicciones más perjudiciales son la heroína, los carbohidratos y un sueldo mensual.

—

El aspecto más importante de ayunar es que sientes una gratitud profunda y sin dirección cuando rompes el ayuno.

—

Mi única medida del éxito es cuánto tiempo tienes para matar.

—

Me pregunto si un león (o un caníbal) pagaría un recargo elevado por seres humanos criados en libertad.

—

Un buen libro mejora al leerlo por segunda vez. Un gran libro a la tercera lectura. Cualquier libro que no valga la pena releer no merece ser leído.

—

Si necesitas escuchar música mientras caminas, no camines; y, por favor, no escuches música.

—

Los hombres se destruyen unos a otros en la guerra; y se destruyen a sí mismos en tiempo de paz.

—

Ayuno: todo ser humano debería aprender a leer, a escribir, a respetar al débil, a arriesgarse al expresar irreverencia frente al poderoso cuando está justificado, y a ayunar.

—

Los deportes feminizan a los hombres y masculinizan a las mujeres.

—

La tecnología puede degradar (y poner en peligro) cada aspecto de la vida de un incauto convenciéndolo de que se está haciendo más «eficiente».

—

La diferencia entre tecnología y esclavitud es que los esclavos son plenamente conscientes de que no son libres.

—

Alta modernidad: rutina en lugar de esfuerzo físico, esfuerzo físico en lugar de gasto mental y gasto mental en lugar de claridad mental.

—

Vives una vida de verdad si y solo si no compites con nadie en ninguna de tus actividades.

—

En los exámenes de la vida real, alguien te da una respuesta y tú debes encontrar las preguntas que encajen mejor.

—

En una enfermedad terminal, la naturaleza te deja morir abreviando el sufrimiento; la medicina te deja sufrir con una muerte prolongada.

—

Nos satisfacen los objetos naturales (o antiguos) como vistas o cuadros clásicos, pero somos insaciables con las tecnologías, desarrollando mejoras pequeñas en versiones posteriores, obsesionados como estamos con lo 2.0, atrapados en una rutina mental.

Solo en la historia reciente, «trabajar duro» ha indicado orgullo en lugar de vergüenza por falta de talento, de delicadeza y, más que nada, de *sprezzatura.*

—

Antes se necesitaban siete años para determinar si un libro era efectivamente un libro o simplemente periodismo encuadernado. Ahora solo hace falta esperar dos años. Pronto, unos meses.

—

En resumen, la modernidad ha sustituido el proceso por el resultado y lo relacional por lo transaccional.

—

Algunas ideas nacen cuando las escribes; otras acaban muriendo.

—

Su idea de lo sabático es trabajar seis días y descansar uno; mi idea de lo sabático es trabajar (parte de) un día y descansar seis.

—

Lo que ellos llaman «jugar» (gimnasio, viajar, deportes) parece trabajo; cuanto más se esfuerzan, más cautivos son.

La vida trata de la detección precoz del punto de inflexión en el que tus pertenencias (digamos que un piso, una casa de campo, un coche o un negocio) empiezan a poseerte.

—

La mayoría de las eficiencias modernas son castigos diferidos.

—

Somos cazadores; solo estamos verdaderamente vivos en los momentos en que improvisamos: sin programa, tan solo estímulos y pequeñas sorpresas del entorno.

—

Para cualquier cosa, en lugar de usar un reloj usa el aburrimiento como reloj biológico, aunque con las limitaciones que dicte la cortesía.

—

Una heurística sobre si tienes el control de tu vida: ¿puedes echarte siestas?

—

Para la mayoría, la descomposición empieza cuando abandonan la vida libre, social e incorrupta de la universidad por el confinamiento en solitario de las profesiones y las familias nucleares.

Uno de los libros más breves que he leído tenía 745 páginas.

—

El libro más largo que he leído tenía 205 páginas.

—

A un clasicista le da grima mirar a un atleta competitivo: esforzándose por convertirse en un animal en lugar de un hombre, nunca será tan rápido como un guepardo ni tan fuerte como un buey.

—

Habilidades que se transmiten: peleas callejeras, excursiones libres, seducción, amplia erudición. Habilidades que no: escuela, juegos, deportes, laboratorio; lo que es reducido y está organizado.

—

La educación formal es credenciales más conocimiento negativo, así que más o menos se equilibra.

—

Existes plenamente si y solo si tu conversación (o tus escritos) no se pueden reconstruir fácilmente con fragmentos de otras conversaciones.

—

Los ingleses tienen un clima mediterráneo aleatorio; pero van a España porque sus horas libres no son libres.

—

Es una maldición tener ideas que la gente solo comprende cuando es demasiado tarde.

—

Para la mayoría, el trabajo y lo que conlleva tienen el efecto erosionador de una lesión crónica.

—

La vida de verdad (*vita beata*) es cuando tus elecciones concuerdan con tus deberes.

—

La mejor tecnología es la tecnología invisible.

—

La diferencia entre la vida de verdad y la vida moderna es la misma que existe entre una conversación y unos recitados bilaterales.

—

Cuando veo a personas en cintas de correr me pregunto cómo los leones alfa, los más fuertes, gastan una cantidad mínima de energía durmiendo veinticuatro horas al día: otros cazan por ellos. *Caesar pontem fecit.*[7]

—

Toda asociación social que no sea cara a cara es perjudicial para tu salud.

—

No veo la diferencia entre riqueza extrema y sobredosis.

7. Literalmente, «César construyó un puente», pero la sutileza es que también puede dar a entender que «hizo que le construyeran un puente».

LA REPÚBLICA DE LAS LETRAS

La escritura es el arte de repetirse uno mismo sin que nadie se dé cuenta.

—

La mayoría de la gente escribe para recordar cosas; yo escribo para olvidar.

—

Lo que ellos llaman filosofía yo lo llamo literatura; lo que llaman literatura yo lo llamo periodismo; lo que llaman periodismo yo lo llamo chismorreo; y lo que llaman chismorreo yo lo llamo (generosamente) voyeurismo.

—

Si el profesor no es capaz de dar una clase sin preparación, no asistas. La gente solo debería enseñar lo que ha aprendido orgánicamente, mediante la experiencia y la curiosidad... o dedicarse a otra cosa.

—

Los escritores son recordados por sus mejores obras, los políticos por sus peores errores y a los hombres de negocios casi nunca se les recuerda.

—

Quizá parezca que los críticos culpan al escritor por no haber escrito el libro que querían leer; pero en realidad lo culpan de escribir el libro que ellos querían escribir y que no han sido capaces de componer.

—

La literatura no consiste en promocionar cualidades, sino más bien en difuminar (tus) defectos.

—

Por placer, lee un capítulo de Nabokov. Como castigo, dos.

—

Se me dijo que escribiera libros de tamaño medio. Pero, siguiendo la ley estadística del seno inverso, de las dos novelas francesas con más éxito de la historia una es cortísima (*El principito*, 80 páginas) y la otra es extralarga (*En busca del tiempo perdido*, de Proust, 3.200 páginas).

Hay una diferencia entre la hipocondría expresiva y la literatura, igual que la hay entre la autoayuda y la filosofía.

—

Debes recordarte constantemente lo evidente: el encanto reside en lo inexpresado, lo no escrito y lo no expuesto. Hace falta dominio para controlar el silencio.

—

No debe considerarse fracasado a ningún escritor hasta que empiece a enseñar a otros a escribir.

—

Las ciencias exactas dan unos resultados sensacionales con un proceso terriblemente aburrido; la filosofía da unos resultados aburridos con un proceso sensacional; la literatura da unos resultados sensacionales con un proceso sensacional; y la economía da unos resultados aburridos con un proceso aburrido.

—

Una buena máxima te permite decir la última palabra sin iniciar siquiera una conversación.

—

Un escritor me dijo: «Hoy no he hecho nada». La respuesta: intenta no hacer nada. La mejor manera de tener solo días buenos es que no te propongas hacer nada. La verdad es que casi todo lo que he escrito y que ha sobrevivido lo escribí cuando no intentaba hacer nada.

—

Del mismo modo que hay escritores que disfrutan habiendo escrito y otros que disfrutan escribiendo, hay libros que los disfrutas leyendo y otros que los disfrutas por haberlos leído.

—

Un genio es alguien cuyos defectos son más difíciles de imitar que sus virtudes.

—

En los libros normales, lee el texto y sáltate las notas; en los escritos por académicos, lee las notas y sáltate el texto; y en los libros empresariales, sáltate el texto y las notas.

—

Duplica la erudición de un hombre; reducirás sus citas a la mitad.

—

Los escritores agotan su alma cuando la contribución marginal de un libro nuevo es menor que la del anterior.

Cuando los fracasados hacen comentarios sobre la obra de alguien claramente más digno de admiración, se sienten obligados a rebajarlo innecesariamente expresando lo que no es («no es un genio, pero...»; «aunque no es Leonardo...») en lugar de expresar lo que es.

—

Estás vivo en proporción inversa a la densidad de los clichés en tus escritos.

—

Lo que llamamos «libros de empresa» es una categoría excluyente inventada por las librerías para obras carentes de profundidad, de estilo, de rigor empírico y de sofisticación lingüística.

—

Como el poeta y el artista, el burócrata nace, no se hace; al ser humano normal le supone un esfuerzo extraordinario mantener la atención en tareas tan aburridas.

—

Los matemáticos piensan con símbolos, los físicos con objetos, los filósofos con conceptos, los geómetras con imágenes, los juristas con constructos, los lógicos con operadores, los escritores con impresiones y los idiotas con palabras.

—

Elimina todas las palabras vacías de tus escritos, reseñas y conversaciones salvo cuando su objetivo sea la cortesía.

—

Los costes de la especialización: los arquitectos construyen para impresionar a otros arquitectos; las modelos son delgadas para impresionar a otras modelos; los académicos escriben para impresionar a otros académicos; los cineastas tratan de impresionar a otros cineastas; los pintores impresionan a los marchantes; pero los autores que escriben para impresionar a los editores tienden a fracasar.

—

Responder a los críticos es desperdiciar emociones; es mejor que el libro se siga publicando mucho después de que hayan muerto.

—

Me pregunto por qué los pringados que siguen las noticias no se dan cuenta de que si las noticias tuvieran un mínimo valor predictivo y no anecdótico, los periodistas serían escandalosamente ricos. Y si los periodistas no estuvieran realmente interesados en el dinero, escribirían ensayos literarios.

—

Puedo predecir que un escritor está a punto de plagiarme, y encima mal, cuando escribe que Taleb «ha popularizado» la teoría de los sucesos de Cisne Negro.[8]

—

Los lectores de periódicos expuestos a una verdadera prosa son como personas sordas en una ópera de Puccini: puede que les guste una cosa o dos mientras se preguntan «¿De qué va?».

—

Algunos libros no se pueden resumir (verdadera literatura, poesía); algunos se pueden comprimir hasta unas diez páginas; la mayoría a cero páginas.

—

La era de la información exponencial es como una persona con incontinencia verbal: habla cada vez más y cada vez la escucha menos gente.

—

Si lo miramos bien, lo que llamamos ficción es mucho menos ficticio que la no ficción; pero en general es menos imaginativo.

—

8. También es un indicador de que imitará mi negocio al estilo «yo también».

Es mucho más difícil escribir una reseña de un libro que has leído que la de un libro que no has leído.

—

La mayoría de los llamados escritores escriben y siguen escribiendo con la esperanza de que, algún día, encuentren algo que decir.

—

Un riesgo que corres cuando escribes un libro llamando vendedores de sandeces a los periodistas es que todos los críticos sean vendedores de sandeces.

—

Hoy en día, más que nada afrontamos la elección entre quienes escriben con claridad sobre un tema que no entienden y quienes escriben mal sobre un tema que no entienden.

—

La Edad Media rica en información: en 2010 se publicaron 600.000 libros, solo en inglés, con pocas citas memorables. Hacia el año cero de nuestra era se habían escrito un puñado de libros. A pesar de los pocos que sobrevivieron, hay un montón de citas.

—

En el pasado, la mayoría de la gente era ignorante y una de cada mil personas era lo suficientemente refinada para hablar con ella. Hoy el alfabetismo es mayor, pero gracias al progreso, los medios de comunicación y las finanzas, solo se puede hablar con una de cada diez mil.

—

Somos mejores actuando (involuntariamente) con originalidad que pensando (voluntariamente) con originalidad.

—

Quiero escribir libros que solo digan haber leído los que lo han hecho.

—

La mitad de ser ingenuo es no darte cuenta de que lo que no te gusta podría gustar mucho a otra persona (y por lo tanto a ti, más adelante), y a la inversa.

—

Es mucho menos peligroso pensar como un hombre de acción que actuar como un hombre de pensamiento.

—

La literatura cobra vida cuando habla de vicios, defectos, flaquezas y confusiones; muere con cada indicio de prédica.

—

Sea cual sea el tema, si no sientes que no sabes lo suficiente es que no sabes lo suficiente.

LO UNIVERSAL Y LO PARTICULAR

Todavía recuerdo lo que he aprendido por mi cuenta.

—

Las mentes normales encuentran similitudes en relatos (y situaciones); las mejores mentes detectan diferencias.

—

Para captar la diferencia entre lo universal y lo particular, considera que algunos se visten mejor para impresionar a una persona dada que a una multitud.

—

Sin darnos cuenta amplificamos las cosas en común con amigos, las diferencias con desconocidos y los contrastes con enemigos.

—

Muchos son tan poco originales que estudian historia para encontrar errores que repetir.

—

No hay nada considerado perjudicial (en general) que no pueda ser beneficioso en algunos casos concretos, ni nada considerado beneficioso que no te pueda perjudicar en algunas circunstancias. Cuanto más complejo es el sistema, más débil es la noción de universal.

—

El imbécil generaliza lo particular; el friki particulariza lo general; algunos hacen las dos cosas; y el sabio no hace ninguna.

—

Quieres ser tú mismo, idiosincrásico; lo colectivo (la escuela, las normas, los trabajos, la tecnología) te quiere genérico hasta el punto de la castración.

—

El amor verdadero es la victoria total de lo particular sobre lo general y de lo incondicional sobre lo condicional.

—

Para una persona honrada, la libertad exige no tener amigos. Y, en un escalón superior, la santidad exige no tener familia.

¿EXISTE LA SUERTE?

A menos que manipulemos nuestro entorno, tenemos tan poco control sobre lo que pensamos y en quién pensamos como el que tenemos sobre los músculos de nuestro corazón.

—

Es muy difícil discutir con personas asalariadas que lo simple puede ser importante y lo importante puede ser simple.

—

Corolario de la ley de Moore: cada diez años, la sabiduría colectiva se reduce a la mitad.[9]

—

9. La ley de Moore establece que la potencia de los procesadores se duplica cada dieciocho meses.

Una celebridad es alguien percibido temporalmente como de alguna importancia, en lugar de ser percibido en tanto que alguien que tiene una importancia temporal.

—

Dios creó Montecarlo y lugares similares para que los extremadamente ricos pudieran ir a experimentar una envidia extrema.

—

Nunca quites a nadie una ilusión si no puedes sustituirla en su mente por otra ilusión. (Pero no te esfuerces demasiado; la segunda ilusión ni siquiera tiene que ser más convincente que la primera.)

—

La tragedia es que gran parte de lo que consideras aleatorio está bajo tu control y, lo que es peor, también sucede a la inversa.

—

El imbécil se ve a sí mismo más único y ve a los demás más genéricos; el sabio se ve a sí mismo más genérico y a los demás más únicos.

—

Un académico no puede perder su cátedra, pero un hombre de negocios que asuma riesgos, sea pobre o rico, puede caer en la bancarrota. Es una desigualdad indignante.

—

Lo que ha hecho que la medicina haya engañado a la gente durante tanto tiempo ha sido que sus éxitos se han publicitado enormemente y que sus errores (literalmente) se han enterrado.

—

La trampa del incauto es centrarnos en lo que sabemos nosotros y en lo que no saben los demás, en lugar de al revés.

—

Los periodistas no pueden entender que lo interesante no es necesariamente importante; la mayoría de ellos ni siquiera puede entender que lo sensacional no es necesariamente interesante.

—

El hombre medieval era una pieza en un engranaje que no entendía; el hombre moderno es una pieza de un sistema complejo que cree entender.

—

Si un piloto estrella un avión, $n = 1$ no es anécdota; si no lo estrella, $n = 100$ lo es.

—

La desgracia de la era de la información es que la toxicidad de los datos aumenta con mucha más rapidez que sus beneficios.

—

Donde mejor se ve el papel de los medios de comunicación es en el viaje desde Catón el Viejo hasta un político moderno.[10] Si te quieres asustar, extrapola un poco.

—

La claridad mental es hija del coraje, no al revés.[11]

—

La probabilidad es la intersección entre la matemática más rigurosa y la vida más desordenada.

—

Dicho de otro modo, a veces todo ser humano debería tener igualdad en cuanto a la probabilidad (que podemos controlar), no igualdad en cuanto al resultado.

10. Pongamos que Sarah Palin.

11. El mayor error desde Sócrates ha sido creer que la falta de claridad es la causa de todos nuestros males, no su resultado.

Nunca quites a nadie una ilusión si no puedes sustituirla en su mente por otra.

—

Igual que los estadísticos entienden los riesgos de las series de una ruleta mejor que los carpinteros, los probabilistas entienden los riesgos ecológicos sistémicos mejor que los biólogos.

—

A la mayoría de los que se nutren de los medios de comunicación modernos les cuesta mucho tragarse la idea de que el conocimiento se logra (en su mayor parte) eliminando basura de la cabeza de la gente.

—

Las mejores personas toleran las incoherencias pequeñas de los demás, pero no las grandes; los débiles toleran las incoherencias grandes de los demás pero no las pequeñas.

—

La polémica es una forma lucrativa de entretenimiento porque los medios de comunicación pueden emplear actores no remunerados y extremadamente motivados.

—

La aleatoriedad es indistinguible del orden complejo, no detectado e indetectable; pero el orden mismo es indistinguible de la aleatoriedad tramposa.

ESTÉTICA

El arte es una conversación unilateral con lo no observado.

—

Una silla de oro sobre un caballo enfermo hace que el problema parezca peor; la pompa y la superficialidad de la forma hacen repugnante la ausencia de sustancia.

—

La genialidad de Benoît Mandelbrot ha sido lograr simplicidad estética sin recurrir a la suavidad.

—

La belleza se realza con irregularidades sin disimulo; la magnificencia con una fachada de desatinos.

—

Para entender el «progreso»: todos los lugares que llamamos feos son artificiales y modernos (Newark), nunca naturales o históricos (Roma).

—

Nos encanta la imperfección, la clase adecuada de imperfección; pagamos por obras de arte originales y por primeras ediciones llenas de errores tipográficos.

—

La mayoría de la gente tiene que esperar a que otra persona diga «esto es arte del bueno» para decir «esto es arte del bueno»; algunos han de esperar a que lo digan dos personas o más.

—

Tu silencio solo es informativo si puedes hablar con habilidad.

—

Al Mutanabbi se jactaba de ser el más grande de los poetas árabes, pero lo dijo en el más grande de los poemas árabes.

—

El ingenio seduce indicando inteligencia sin frikismo.

—

En las representaciones clásicas de figuras destacadas, los varones son flacos y las mujeres rellenitas; en las fotos modernas, sucede lo contrario.

—

Estudiar neurobiología para entender al ser humano es como estudiar la tinta para entender la literatura.

—

Del mismo modo que ningún mono es tan guapo como el más feo de los seres humanos, ningún académico vale más que el peor de los creadores.

—

Si quieres fastidiar a un poeta, explica su poesía.

ÉTICA

Si encuentras alguna razón de que tú y otra persona seáis amigos, es que no lo sois.

—

Los soldados son más leales a sus camaradas (y están dispuestos a morir por ellos) que a su país. Los académicos son más leales a sus colegas que a la verdad.

—

Mi mayor problema con la modernidad quizá resida en la creciente separación entre lo ético y lo legal.[12]

—

12. Robert Rubin, un «*bankster*» (banquero + gánster) que fue secretario del Tesoro estadounidense y quizá el mayor ladrón de la historia, no quebrantó ninguna ley. La diferencia entre lo legal y lo ético aumenta en un sistema complejo... luego lo hace explotar.

Las personas revelan mucho más sobre ellas cuando mienten que cuando dicen la verdad.

—

Si somos el único animal con un sentido de la justicia, está claro que es porque también somos el único animal con un sentido de la crueldad.

—

Lo bello de la vida: el acto más amable que experimentes en tu vida puede venir de un desconocido que no esté interesado en la reciprocidad.[13]

—

Para una persona honrada es un gran cumplido que un sinvergüenza la confunda con otro sinvergüenza.

—

Estamos más motivados para ayudar a quienes nos necesitan menos.

—

Supuestamente, si eres intransigente o intolerante a las sandeces pierdes amigos. Pero también harás amigos, y mejores.

13. La otra cara: el peor dolor que te inflijan vendrá de alguien que en algún momento de tu vida se ha preocupado por ti.

Para valorar a una persona considera la diferencia entre lo impresionante que fue la primera vez que te encontraste con ella y la última.

—

Cualquier cosa que la gente haga, escriba o diga para mejorar su estatus aparte del que otorga a otros se manifiesta como una marca en la frente, visible para los demás pero no para ella.

—

La meditación es una manera de ser narcisista sin hacer daño a nadie.

—

Todo ángel es un imbécil en algún lugar.

—

Todo imbécil es un ángel en algún lugar.

—

La verdadera humildad es cuando puedes sorprenderte a ti mismo más que a los demás; el resto o es timidez o es buen *marketing*.

—

La diferencia entre el político y el filósofo es que, en un debate, el político no trata de convencer al otro, sino al público.

—

Encontramos de muy mal gusto que una persona se vanaglorie de sus logros; pero cuando lo hace un país lo llamamos «orgullo nacional».

—

Otro indicador de los charlatanes: no expresan opiniones que puedan meterlos en problemas.

—

Solo puedes convencer a personas que piensen que pueden sacar provecho de ser convencidas.

—

La grandeza empieza sustituyendo el odio por un educado desdén.

—

Nunca llames imbécil (o gilipollas) a nadie a menos que perjudique a otros o al sistema; debe haber una dimensión moral para los insultos.

—

Confía más en las personas que se ganen la vida echadas o de pie que en las que lo hagan sentadas.

—

Nunca sigas el consejo de un vendedor, o ningún consejo que beneficie a quien lo da.

—

Tu deber es gritar las verdades que se deberían gritar pero que solo se susurran.

—

Lo trágico de la virtud es que cuanto más evidente, aburrido, poco original y sermonario es un proverbio, más difícil es ponerlo en práctica.

—

Ser al mismo tiempo malvado y reacio al riesgo es todo un aprieto.

—

Hasta el más roñoso de los tacaños puede ser generoso con los consejos.

—

Si me mientes, sigue mintiendo; no me hagas daño diciéndome la verdad de repente.

Detectar la asimetría entre lo que ganas y lo que das cuando haces, escribes o dices algo, es fácil para otros, pero no para ti.

—

No confíes en un hombre que necesite ingresos... salvo si se trata del salario mínimo.[14]

—

Puedes sobrevivir a tu fuerza, nunca a tu sabiduría.

—

Algo mezquino: la ciudadanía de conveniencia, tener el pasaporte de un país por la facilidad de viajar o por el tratamiento fiscal sin comprometerse con su comunidad.

—

Los hombres débiles actúan para satisfacer sus necesidades, los más fuertes para cumplir sus deberes.

—

Cualquier acto que emprendamos con el objetivo de ganar un premio, cualquier premio, corrompe hasta la médula.

14. Quienes son cautivos de una empresa harían cualquier cosa para «alimentar a su familia».

Las religiones y la ética han evolucionado desde prometer el cielo si obras bien a prometer el cielo mientras obres bien, hasta hacerte prometer que obrarás bien.

—

Para que la movilidad social funcione debe ser como una vía de doble sentido, con un gran número de prerricos y un número casi igual de posricos.

—

Evita llamar héroes a quienes no han tenido otra opción.

—

Hay quienes te darán las gracias por lo que les has dado y quienes te culparán por lo que no les has dado.

—

La envidia, como la sed de venganza, es la versión de la gente malvada de nuestro sentido natural de la injusticia.

—

El hombre ético ajusta su profesión a sus creencias en lugar de ajustar sus creencias a su profesión. Esto ha sido cada vez más raro desde la Edad Media.

—

Una prostituta que vende su cuerpo (temporalmente) es muchísimo más honorable que alguien que vende su opinión para ascender o mantener su trabajo.

—

Confío en todo el mundo salvo en quienes dicen que son de fiar.

—

Con frecuencia la gente tiene que suspender su autopromoción y tener en la vida a alguna persona a la que no haya de impresionar. Esto explica que tenga perros.

—

Confía mil veces más en quienes ambicionan dinero que en quienes ambicionan credenciales.

—

La generosidad pura es cuando ayudas al ingrato. Cualquier otra forma de generosidad es interesada.[15]

—

Me pregunto si los sinvergüenzas pueden concebir que haya personas honradas más listas que ellos.

—

15. Ética kantiana.

Confía en quienes confían en ti y desconfía de quienes desconfíen de los demás.

—

En Proust hay un personaje, Morel, que demoniza a Nissim Bernard, un judío que le prestó dinero, y que se hace antisemita para no tener que sentir gratitud.

—

Generosidad multiplicativa: limita tu generosidad a quienes, a su vez, y dadas las circunstancias, serían igualmente generosos con otros.

—

Prometer buena suerte a alguien en recompensa por obrar bien suena a soborno: quizás el vestigio de una moralidad arcaica, predeóntica, preclásica.

—

Virtud es cuando los ingresos que deseas mostrar a la agencia tributaria superan a los que deseas mostrar a tu vecino.

—

La diferencia entre magnificencia y arrogancia estriba en lo que hace una persona cuando nadie la mira.

—

Acepta la racionalidad del tiempo, nunca su equidad ni su moralidad.

—

El Estado nación: *apartheid* sin incorrección política.

—

En una multitud de cien, el 50 % de la riqueza, el 90 % de la imaginación y el 100 % del coraje intelectual residirán en una sola persona, no necesariamente la misma.

—

Típicamente, la mitad inferior ha sido fastidiada por la clase media. Así es toda la historia de Roma.

—

Del mismo modo que el pelo teñido hace menos atractivos a los hombres mayores, lo que haces para ocultar tus debilidades es lo que las hace repugnantes.

—

Nunca compres un producto que el dueño de la empresa que lo hace no use o, en el caso —por ejemplo— de un fármaco, que no use de una manera contingente.

—

Para los soldados usamos el término «mercenario», pero eximimos de responsabilidad a los empleados diciendo que «todo el mundo tiene que ganarse la vida».

—

Estoy bastante harto de quienes me dicen que sea amable e «intente convencer» a los charlatanes. El FBI no «intentó convencer» a la mafia de que abandonara sus actividades.

—

La lengua inglesa no distingue entre «*arrogant up*» (irreverencia con los temporalmente poderosos) y «*arrogant down*» (dirigida a los más pequeños).

—

La justicia distributiva no es quitarle a alguien que se ha arriesgado y ha ganado honradamente: es mantener muy elevada la probabilidad de que pierda su fortuna.

—

Que alguien de tu clase social caiga en la pobreza te afecta más que miles de personas muriéndose de hambre fuera de ella.

—

Hay que ser muy hábil para ser virtuoso sin aburrir.

ROBUSTEZ Y ANTIFRAGILIDAD

Para entender cómo funciona algo, averigua cómo romperlo.

—

Solo estás seguro si eres capaz de perder tu fortuna sin el insulto adicional de tener que hacerte humilde, el peor insulto de todos.[16]

—

Para comprobar la robustez de alguien frente a errores de reputación, pregunta a un hombre delante de un público si «todavía le va mal» o si «aún pierde dinero» y observa su reacción.

—

16. Una regla de mi tatarabuelo.

Principio general: las soluciones (normalmente) deben ser más simples que los problemas.

—

En la vida (y en la gestión de riesgos) el truco es tener tanto respeto por la experiencia antes de haberla adquirido como el que tendría después.

—

La robustez es progreso sin impaciencia.

—

Cuando dudes entre dos opciones, no elijas ninguna.

—

A los Estados nación les gusta la guerra; a las ciudades-estado les gusta el comercio; a las familias les gusta la estabilidad; y a los individuos les gusta el entretenimiento.

—

El problema con la idea de «aprender de los propios errores» es que la mayor parte de lo que la gente llama errores no lo son.

—

Robustez es cuando te preocupas más por los pocos a los que les gusta tu trabajo que por la multitud a la que le desagrada (artistas); fragilidad es cuando te preocupas más por los pocos a los que tu trabajo les desagrada que por la multitud a la que le agrada (políticos).

—

El racionalista imagina una sociedad sin imbéciles; el empirista una a prueba de imbéciles o, mejor aún, a prueba de racionalistas.

—

La resistencia al fracaso se puede lograr; la ausencia de fracaso, no.

—

Los académicos solo son útiles cuando tratan de ser inútiles (por ejemplo, en matemáticas y filosofía), y son peligrosos cuando intentan ser útiles.

—

Para el robusto, un error es información; para el frágil, un error es un error.

—

La mejor prueba de robustez ante el daño a la reputación es tu estado emocional (miedo, alegría, aburrimiento) cuando recibes un correo electrónico de un periodista.

La principal desventaja de ser escritor, especialmente en el Reino Unido, es que no hay nada que puedas hacer en público o en privado que dañe tu reputación.

—

El único sistema político válido es el que puede manejar a un imbécil en el poder sin sufrir por ello.

—

El odio apasionado (por parte de naciones y personas) acaba por rotación en otro objeto de odio; la mediocridad no puede afrontar más de un enemigo. Esto hace que los Estados jóvenes, en guerra y con alianzas y enemistades mutables, sean sistemas robustos.

—

Puedes esperar errores explosivos en campos donde la simplicidad se penaliza.

—

Encuentro incoherente (y corrupto) expresar desagrado por un gobierno fuerte y favorecer las grandes empresas, pero no al revés.

—

Cada vez más, la gente no llega a ser académica por su inteligencia, sino por su menor comprensión del desorden.

¿Cuántas veces has llegado una, tres o seis horas tarde a un vuelo transatlántico, y no una, tres o seis horas antes? Esto explica por qué los déficits tienden a ser más grandes y rara vez más pequeños de lo previsto.

—

Para una persona libre, la ruta óptima —más oportunista— entre dos puntos nunca debería ser la más corta.

LA FALACIA LÚDICA Y LA DEPENDENCIA DEL ÁMBITO[17]

Hace poco comí en un restaurante de campanillas con platos complicados de nombres rebuscados (a 125 dólares por cabeza), y después disfruté de una pizza directamente salida del horno por 7,95 dólares. Me pregunto por qué la pizza no cuesta veinte veces el precio del plato complicado, puesto que preferiría comer la primera —a cualquier precio— que el segundo.

—

Los deportes son aleatoriedad mercantilizada y, por desgracia, prostituida.

—

17. *Lúdico*, en latín, significa «relacionado con jugar»; es la falacia dominante en *El cisne negro* sobre la forma de hacer que la vida se parezca a un juego (o sistema formal) con reglas claras, y no al revés. La dependencia del ámbito es cuando uno actúa de una manera dada en un entorno (digamos, el gimnasio) y de otra manera en otro.

Cuando zurras a alguien físicamente haces ejercicio y alivias el estrés; cuando le agredes verbalmente en Internet, solo te dañas a ti mismo.

—

Igual que comer carne de vaca no te convierte en una vaca, estudiar filosofía no te hace más sabio.

—

Igual que los deportes competitivos y el trabajo especializado fosilizan la mente y el cuerpo, el mundo académico competitivo fosiliza el alma.

—

Estamos de acuerdo en que estudiar ajedrez solo mejora la aptitud para el ajedrez, pero discrepamos en que estudiar en las aulas (casi) solo mejora las aptitudes para el aula.

—

A la gente le gusta comer pescado cerca del agua aunque el pez se haya capturado muy lejos y haya sido transportado en camión.

—

Al llegar al hotel de Dubái, el empresario hizo que un mozo le llevara el equipaje; más tarde lo vi levantando pesas en el gimnasio.

Los juegos se crearon para dar a los no héroes la ilusión de ganar. En la vida real realmente no sabes quién ha ganado o ha perdido (salvo cuando es demasiado tarde), pero puedes distinguir quién es heroico y quién no.

—

No es probable que los lectores noten los errores detectados por los correctores de estilo, y viceversa.

—

Sospecho que los test de CI, las reválidas y las notas han sido diseñados por frikis para recibir puntuaciones elevadas y llamarse inteligentes unos a otros.[18]

—

Algunos leen *Decadencia y caída del Imperio romano* de Gibbon en un libro electrónico, pero se niegan a beber un Château Lynch-Bages en un vaso de plástico.

—

La mayoría de las personas no pueden entender por qué alguien disfruta con el conocimiento riguroso y desprecia a los académicos, pero entienden que alguien disfrute con la comida y aborrezca el atún en lata.

18. Las personas inteligentes y sabias que puntúan bajo en los test de CI, o las personas con una deficiencia intelectual manifiesta como George W. Bush, el expresidente de Estados Unidos, que sacan puntuaciones elevadas (130), están probando el test, y no al revés.

Mi mejor ejemplo de la dependencia del ámbito de nuestras mentes, obtenido en mi última visita a París: al almorzar en un restaurante francés mis amigos se comieron el salmón y apartaron la piel; al cenar en un local de *sushi*, los mismos amigos se comieron la piel y apartaron el salmón.

—

Fragilidad: hemos ido separando paulatinamente el valor humano de la guerra, permitiendo que pusilánimes con aptitud para la informática maten gente sin el menor riesgo para su vida.

—

Los que no son capaces de hacer no deberían enseñar.

EPISTEMOLOGÍA Y CONOCIMIENTO SUSTRACTIVO

Desde Platón, el pensamiento occidental y la teoría del conocimiento se han centrado en las nociones de verdadero-falso; aunque ha sido encomiable, ya es hora de centrar la atención en robusto-frágil y la epistemología social en el problema más serio de pringado-no pringado.

—

El problema del conocimiento es que hay muchos más libros sobre aves escritos por ornitólogos que libros sobre aves escritos por aves y libros sobre ornitólogos escritos por aves.

—

Ánclate en lo que no ha sucedido en lugar de en lo que ha sucedido.

—

El ingenuo perfecto entiende que los cerdos se queden mirando las margaritas, pero no se da cuenta de que puede hallarse en una situación análoga.

—

Quienes quebrantan una regla en un sistema lógicamente autocoherente solo pueden salir bien parados si quebrantan al menos una regla lógica más.

—

Hacen falta una sabiduría y un autocontrol extraordinarios para aceptar que muchas cosas tienen una lógica que no entendemos y que es más aguda que la nuestra.

—

El conocimiento es sustractivo, no aditivo: es lo que sustraemos (reducción por lo que no funciona, lo que *no* has de hacer), no lo que añadimos (qué hacer).[19]

—

Creen que la inteligencia consiste en advertir cosas que tienen importancia (detectar pautas); en un mundo complejo, la inteligencia consiste en ignorar cosas irrelevantes (evitar pautas falsas).

19. La mejor manera de descubrir a un charlatán: alguien (como un asesor o un corredor de bolsa) que te dice lo que has de hacer en lugar de lo que *no* has de hacer.

En un conflicto, el punto medio es el que menos tiende a ser correcto.

—

Felicidad: no sabemos qué significa, cómo medirla o cómo alcanzarla, pero sabemos muy bien cómo evitar la infelicidad.

—

En los ámbitos médico y social, el tratamiento nunca debería ser equivalente a silenciar los síntomas.

—

La imaginación del genio está muy por encima de su intelecto; el intelecto del académico está muy por encima de su imaginación.

—

La educación ideal del *trivium* (las artes liberales), y la menos perjudicial para la sociedad y para los alumnos, comprendería matemáticas, lógica y latín; una dosis doble de autores latinos para compensar la grave pérdida de sabiduría debida a las matemáticas; y la cantidad de matemáticas y de lógica suficiente para controlar la verborrea y la retórica.

—

Los cuatro personajes modernos más influyentes: Darwin, Marx, Freud y (el productivo) Einstein eran eruditos pero no académicos. Siempre ha sido difícil hacer trabajo genuino —y no perecedero— dentro de las instituciones.

EL ESCÁNDALO DE LA PREDICCIÓN

Un profeta no es alguien con unas visiones especiales, solo es alguien ciego a la mayor parte de lo que ven los demás.

—

Para los antiguos, predecir acontecimientos históricos era un insulto a los dioses; para mí, es un insulto al hombre, es decir, para algunos, a la ciencia.

—

Los antiguos sabían muy bien que la única manera de entender acontecimientos era causarlos.

—

Cualquiera que exprese una previsión o una opinión sin poner algo en riesgo tiene algún elemento de falsedad. A menos que se arriesgue a hundirse con el barco sería como ver una película de aventuras.

Algunos se tomarían la predicción más en serio si se les señalara que en las lenguas semitas las palabras para indicar «predicción» y «profecía» son la misma.

—

Para Séneca, el sabio estoico debería retirarse de toda iniciativa pública cuando no se le haga caso y el Estado sea corrupto a más no poder. Es más sabio esperar a la autodestrucción.

SER UN FILÓSOFO Y LOGRAR SEGUIR SIÉNDOLO

Para convertirte en un filósofo empieza por caminar con mucha lentitud.

—

Los verdaderos matemáticos entienden la completitud; los verdaderos filósofos entienden lo incompleto; el resto no entiende formalmente nada.

—

En veinticinco siglos no ha aparecido ningún ser humano comparable a Platón en cuanto a brillantez, profundidad, elegancia, ingenio e imaginación... para protegernos de su legado.

—

El filósofo usa lógica sin estadística, el economista usa estadística sin lógica, el físico usa las dos.

¿Por qué tengo este problema obsesivo con Platón? La mayoría de las personas tienen que superar a sus predecesores; Platón logró superar a todos sus sucesores.

—

Es desconcertante pero divertido ver a la gente tan entusiasmada por cosas que a uno no le importan; es siniestro ver que no hacen caso de las que consideramos fundamentales.

—

Ser un filósofo es saber *a priori*, tras largas caminatas y razonando, y solo razonando, lo que otros, en potencia, solo pueden aprender de sus errores, crisis, accidentes y quiebras; es decir, *a posteriori*.

—

Los ingenieros pueden calcular pero no definir; los matemáticos pueden definir pero no calcular; los economistas no pueden definir ni calcular.

—

Algo finito pero con límites superiores desconocidos es epistémicamente equivalente a algo infinito. Es infinitud epistémica.

—

Las matemáticas exigen una sed incontrolada de abstracción; la filosofía, una sed muy controlada.

La ignorancia consciente, si la puedes practicar, expande tu mundo: puede hacer que las cosas sean infinitas.

—

Para los clásicos, la agudeza filosófica era el producto de una vida de ocio; para nosotros, una vida de ocio puede ser el producto de la agudeza filosófica.

—

A muchas personas les hace falta mucha preparación para aprender a ser ordinarias.

—

Hace falta mucho intelecto y mucha confianza para aceptar que lo que tiene sentido en realidad no lo tiene.

—

Un lecho de Procusto teológico: para los ortodoxos desde Gregorio Palamás, y para los árabes desde Algazel, los intentos de definir a Dios usando el lenguaje de los universales filosóficos han sido un error racionalista. Aún sigo esperando que un moderno se percate.

—

Busquemos los riesgos que podemos medir y esos serán los que deberemos afrontar.

—

Decir «la matemática de la incertidumbre» es como decir «la castidad del sexo»: lo que se «matematiza» deja de ser incierto, y viceversa.

—

Si tu enfoque respecto a las matemáticas es mecánico y no místico, no llegarás a ningún lugar.

—

Lamentablemente, aprendemos más de los tontos, de los economistas y de otros modelos de roles inversos, pero les pagamos con la peor ingratitud.

—

Las personas asalariadas no son más que padrastros. Pueden ser buenos padrastros, pero nunca igualan a los padres biológicos.

—

En el *Protágoras* de Platón, Sócrates contrasta la filosofía como búsqueda colaborativa de la verdad con el uso sofista de la retórica para imponerse en debates por mor de la fama y el dinero. Veinticinco siglos después, así son exactamente el investigador asalariado y el académico moderno apegado a su cátedra. Progreso.

LA VIDA ECONÓMICA Y OTROS TEMAS MUY VULGARES

Hay nombres, como «economista», «prostituta» o «asesor» a los que una caracterización adicional no añade información.

—

Un matemático empieza con un problema y crea una solución; un asesor empieza ofreciendo una «solución» y crea un problema.

—

Las desigualdades financieras son efímeras, están a un *crash* de la reasignación; las desigualdades de estatus permanecen.

—

Lo que ellos llaman «riesgo» yo lo llamo oportunidad; pero lo que ellos llaman oportunidad de «bajo riesgo», yo lo llamo problema de pringado.

Si detectas una sonrisa reprimida en la cara del vendedor, es que has pagado demasiado.

—

Las organizaciones son como incautos «cafeinados» que, sin darse cuenta, corren hacia atrás: solo oyes hablar de las pocas que llegan a su destino.

—

Hay tres clases de grandes empresas: las que están a punto de quebrar, las que han quebrado y lo ocultan, y las que han quebrado y no lo saben.

—

El mejor test para determinar si alguien es extremadamente estúpido (o extremadamente sabio) es si las noticias económicas y políticas tienen sentido para él.

—

La izquierda dice que dado que los mercados son estúpidos, los modelos deberían ser inteligentes; la derecha cree que dado que los modelos son estúpidos, los mercados deberían ser inteligentes. Pero nunca se les ha ocurrido ni a unos ni a otros que tanto los mercados como los modelos son muy estúpidos.

—

Cuando estés en positivo, enseña el neto; cuando estés en negativo, enseña el bruto.

—

La economía es como una estrella muerta que aún parece arrojar luz; pero sabes que está muerta.

—

Un corredor de bolsa escuchó las predicciones sobre el oro del economista «jefe» de la compañía y luego perdió un dineral. Al corredor de bolsa se le dijo que dejara la compañía. Enfadado, preguntó al jefe que le despedía: «¿Por qué me despides solo a mí y al economista no? Él también es responsable de las pérdidas». El jefe: «¡Mira que eres tonto! No te despedimos por perder dinero: te despedimos por haber escuchado al economista».

—

Los incautos creen que la codicia se cura con dinero, las adicciones con sustancias, los problemas difíciles con expertos, la banca con banqueros, la economía con economistas y las crisis de deuda con más deuda.

—

Puedes tener la seguridad de que el jefe de una gran empresa tiene mucho de lo que preocuparse cuando anuncia públicamente que «no hay nada de lo que preocuparse».

La economía consiste en hacer que cosas sencillas sean más complicadas, las matemáticas en hacer que cosas complicadas sean más sencillas.

—

El mercado bursátil en pocas palabras: los participantes esperan con calma en la cola del matadero pensando que la cola es para un espectáculo de Broadway.

—

Si algo (digamos que el precio de una acción) parece un poco fuera de lugar, está fuera de lugar. Si parece estar muy fuera de lugar, es que tu método de evaluación es incorrecto.

—

La diferencia principal entre los rescates del gobierno y fumar es que, en algunos casos raros, la afirmación «este es mi último cigarrillo» es cierta.

—

Es más fácil decir macrosandeces que microsandeces.

—

Lo que nos hace frágiles es que las instituciones no pueden tener las mismas virtudes (honor, veracidad, valor, lealtad, tenacidad) que los individuos.

El peor daño ha sido causado por personas competentes intentando obrar bien; las grandes mejoras se han debido a incompetentes que *no* intentaban obrar bien.

—

Decir que alguien es bueno generando beneficios pero no lo es gestionando riesgos es como decir que alguien es un gran cirujano salvo por los casos en los que el paciente muere.

—

La diferencia entre los bancos y la mafia: los bancos tienen más experiencia legal-reguladora, pero la mafia entiende la opinión pública.

—

«Es mucho más fácil estafar a la gente miles de millones que unos cuantos millones.»[20]

—

Ser emprendedor es algo existencial, no solo financiero.

—

Durante un simposio en Moscú, observé a un economista que había recibido un «nobel» por escritos que nadie lee, teorías que nadie usa y conferencias que nadie entiende.

20. Inspirado en el caso de Madoff.

A quienes les gustan las reuniones se les debería prohibir asistir a ellas.

—

Uno de los fallos de la «aproximación científica» en el ámbito no lineal surge del hecho inoportuno de que el promedio de expectativas es diferente de la expectativa de promedios.[21]

—

Un economista es una mezcla de 1) un hombre de negocios sin sentido común, 2) un físico sin inteligencia y 3) un especulador sin pelotas.

—

Los periodistas como «aforistas» a la inversa: mi afirmación «hacen falta aptitudes para tener un BMW, y aptitudes y suerte para ser un Warren Buffett», se resumió como «Taleb dice que Buffett *no* tiene aptitudes».

—

Las mentes curiosas abrazan la ciencia; las superdotadas y sensibles, las artes; las prácticas, los negocios; las restantes se hacen economistas.

—

21. No cruces un río porque su profundidad media sea de cinco palmos. También conocido como «desigualdad de Jensen».

Stiglitz lo entiende todo sobre economía salvo los riesgos de cola, que es como saberlo todo sobre seguridad aérea salvo por los accidentes.

—

Las empresas públicas, como las células humanas, están programadas para la apoptosis, el suicidio a través de la deuda y de riesgos ocultos. Los rescates otorgan al proceso una dimensión histórica.

—

Quienes tienen cerebro y no tienen pelotas se convierten en matemáticos; quienes tienen pelotas y no tienen cerebro se unen a la mafia; quienes no tienen pelotas ni cerebro se convierten en economistas.

—

En los países pobres, los funcionarios reciben sobornos explícitos; en Washington reciben la promesa sofisticada, implícita y tácita de trabajar para grandes empresas.

—

El destino, en su expresión más cruel, es que un banquero acabe en la pobreza.

—

Nunca aceptes consejo para invertir de alguien que tenga que trabajar para vivir.

Deberíamos hacer que los estudiantes recalcularan sus calificaciones medias contando hacia atrás sus notas en finanzas y economía.

—

Gracias a la acumulación de riesgos ocultos, el problema de la agencia impulsa a todas las empresas a la máxima fragilidad.

—

El dinero corrompe más a quienes hablan (y escriben) sobre él que a quienes lo ganan.

—

En política afrontamos la elección entre agentes de grandes empresas, belicistas y amantes del Estado nación por un lado, y lacayos de grandes empleadores, ciegos a los riesgos, jerárquicos y arrogantes epistémicos por otro. Pero podemos elegir.

—

Para tener un gran día: 1) sonríe a un desconocido, 2) sorprende a alguien diciéndole algo inesperado y agradable, 3) presta una atención sincera a una persona de edad avanzada, 4) invita a un café a alguien que no tenga muchos amigos, 5) humilla públicamente a un economista, o genera una profunda ansiedad a un profesor de Harvard.

Anuncia las buenas noticias con cuentagotas; las malas, de golpe.

—

Nunca pidas consejo a tu cliente.

EL SABIO, EL DÉBIL Y EL MAGNÍFICO[22]

Los hombres mediocres tienden a sentirse ultrajados por los insultos pequeños pero son pasivos, sumisos y silenciosos ante los muy grandes.[23]

—

Evitar dar señales de debilidad es señal de debilidad.

—

22. En la *Ética a Nicómaco* de Aristóteles, el *megalopsychos*, que traduzco como el magnífico, es el hombre de «alma grande» que se cree digno de grandes cosas y que, consciente de su posición en la vida, se atiene a cierto sistema de ética que excluye la mezquindad. Aunque esta noción de alma grande ha sido desplazada por la ética cristiana y su defensa de la humildad, sigue presente en la cultura del levante mediterráneo con el *Kabir al-naf.* Entre otros atributos, el magnífico camina con lentitud.

23. Consideremos la reacción a los *establishments* de la banca y la economía.

La única definición de un macho alfa: si intentas ser un macho alfa nunca lo serás.

—

Los que asumen riesgos nunca se quejan. Actúan.

—

Quienes no tienen nada que demostrar nunca dicen que no tienen nada que demostrar.

—

Para ser una persona virtuosa tienes que ser aburridamente virtuoso en todo acto pequeño. Para ser una persona de honor, todo lo que necesitas es ser honorable en algunas cosas importantes (como arriesgar tu vida, tu carrera o tu reputación por una causa justa, o cumplir con tu palabra cuando nadie más tiene agallas para hacerlo).

—

El débil muestra su fuerza y oculta sus debilidades; el magnífico muestra sus debilidades como adornos.

—

La magnificencia se define por la intersección entre los elogios renuentes de tus enemigos y la crítica de tus amigos, la grandeza por su unión.

Qué espléndido volverse sabio sin ser aburrido; qué triste ser aburrido sin ser sabio.[24]

—

Si solo hablan mal de ti personas que prefieren tu compañía a la de muchos otros, si solo te critican los que escrutan tu trabajo y si solo eres insultado por personas que abren tus correos electrónicos en cuanto los ven, es que estás haciendo lo correcto.

—

Los rasgos que respeto son la erudición y el coraje para dar la cara cuando los «medios hombres» temen por su reputación. Cualquier idiota puede ser inteligente.

—

Los mediocres se arrepienten más de sus palabras que de su silencio; los hombres mejores se arrepienten más de su silencio que de sus palabras; el magnífico no tiene nada de lo que arrepentirse.

—

Hace falta algo de humanidad para sentir compasión por los menos afortunados que nosotros; pero hace falta honor para evitar envidiar a quienes son mucho más afortunados.

24. Lo digo por Ben Bernanke, expresidente de la Reserva Federal de los Estados Unidos.

Los hombres normales están a unos pasos de mentir, robar, matar o incluso trabajar como pronosticadores para la Reserva Federal de Washington; los magníficos, nunca.[25]

—

Ciencia social significa inventar una clase dada de ser humano que podamos entender.

—

Aceptamos sin reservas el narcisismo en los Estados nación y lo reprimimos en los individuos: la complejidad expone las endebles bases morales del sistema.

—

Al desear «buena suerte» a un colega, el débil desea lo contrario; el fuerte es ligeramente indiferente; pero solo el magnífico lo dice en serio.

—

Contra la creencia imperante, «éxito» no significa estar en la cima de una jerarquía: es estar fuera de todas las jerarquías.

25. Tuve que leer diez veces el libro IV de la *Ética a Nicómaco* de Aristóteles antes de caer en la cuenta en lo que este no dijo explícitamente (pero sabía): el magnífico (*megalopsychos*) solo trata con incondicionales.

Antes podían procrear todas las mujeres pero solo algunos varones. La igualdad es más natural para las mujeres.

—

Alguien dijo: «Necesitamos más mujeres en la filosofía académica». Pero en la filosofía académica también necesitamos más hombres.

—

El magnífico cree la mitad de lo que oye y el doble de lo que dice.

—

En el fracaso es muy fácil ser estoico.

—

Una amenaza verbal es el certificado de impotencia más auténtico.

—

El primer paso hacia la sabiduría, y el más difícil: evitar la suposición habitual de que la gente sabe lo que quiere.

—

Los dos actos de valor más celebrados de la historia no fueron realizados por luchadores homéricos, sino por dos individuos del Mediterráneo oriental que murieron, e incluso buscaron la muerte, por sus ideas.

—

El débil no puede ser bueno; o quizá solo puede serlo dentro de un sistema jurídico exhaustivo y extenso.

—

La virtud es una secuencia de actos pequeños de omisión. El honor y la grandeza pueden ser un acto de comisión único y audaz, trascendental y de autosacrificio.

—

Por encima de todo, evita las palabras: amenazas, quejas, justificaciones, narraciones, replanteamientos, intentos de ganar discusiones, súplicas... ¡Evita las palabras!

—

Sé educado, cortés y gentil, pero no hagas caso de los comentarios, los elogios y las críticas de personas que no contratarías.

—

Según Luciano de Samósata, el filósofo Demónax hizo que un espartano dejara de golpear a su sirviente. «Le estás haciendo tu igual», le dijo.

—

Eres libre en proporción inversa al número de personas a las que no puedes decir «que te den». Pero eres honorable en proporción al número de personas a las que puedes decir «que te den» con total impunidad, pero no lo haces.

—

El peor miedo del hombre clásico era la muerte deshonrosa; el peor miedo del hombre moderno es, simplemente, la muerte.

—

Nunca me fío de alguien que no tiene enemigos.

—

Cuando citas un antiguo dicho de sabiduría y añades «verdad importante», «para recordar», o «algo por lo que guiarse», no lo haces porque sea bueno, sino porque es inaplicable. De haber sido bueno y aplicable no habrías tenido que citarlo. La sabiduría que es difícil de ejecutar no es verdadera sabiduría.

LO IMPLÍCITO Y LO EXPLÍCITO

Sabes que tienes influencia cuando la gente empieza a notar más tu ausencia que la presencia de otros.

—

Las únicas personas que piensan que la experiencia del mundo real no tiene importancia son las que nunca han tenido experiencia del mundo real.

—

Tienes garantizada una repetición cuando oyes decir «¡nunca más!».

—

Algunas personas reticentes usan el silencio para ocultar su inteligencia; pero la mayoría lo hacen para ocultar su falta de ella.

Las quejas no transmiten quejas; más que nada revelan tu debilidad.

—

Decir tacos de vez en cuando, en medio de un rico vocabulario, es una manera costosa de señalar que eres dueño de ti mismo.

—

Cuando alguien dice «tan idiota no soy», con frecuencia significa que es más idiota de lo que piensa.

—

Hablar mal de alguien es la única expresión genuina, nunca fingida, de admiración.

—

Solo puedes insultar a un paleto en su propio lenguaje.

—

Cuando una mujer dice de un hombre que es inteligente, con frecuencia quiere decir que es apuesto; cuando un hombre dice de una mujer que es tonta, siempre quiere decir que es atractiva.

—

Lo que no entienden las webs de citas organizadas es que la gente es mucho más interesante por lo que no dice sobre ella misma.

—

Si tu barba es gris, crea heurística pero explica el «porqué». Si tu barba es blanca, prescinde del porqué y di, simplemente, lo que habría que hacer.

—

Como compañía, sueles preferir a quienes te encuentran interesante *a ti* que a quienes tú encuentras interesantes.

—

Internet ha derribado el muro entre lo público y lo privado; las expresiones impulsivas e inelegantes que solían quedar en privado ahora están disponibles para una interpretación literal.

—

Un mundo más feliz es aquel en el que todo el mundo se da cuenta de que 1) lo que hace que la gente se sienta mal no es lo que dices, es cómo lo dices; 2) lo que hace que la gente se enfade no es lo que le haces, sino cómo la haces quedar; 3) debería ser ella misma la que se sitúe en una categoría concreta.

—

Uno de los problemas de las redes sociales es que cada vez es más difícil que otras personas se quejen de ti a tus espaldas.

—

La gente ríe a carcajadas y transmite su risa cuando está preocupada por la afirmación que supuestamente encuentra divertida. De lo contrario sonreiría, quizá subrepticiamente.

—

Puedes estar seguro de que una persona tiene los medios para ayudarte, pero no la voluntad, cuando te dice «no puedo hacer nada más». Y puedes estar seguro de que una persona no tiene medios ni voluntad para ayudarte cuando te dice «estoy aquí para ayudarte».

—

El principio general de la antifragilidad: es mucho mejor hacer cosas que no puedes explicar que explicar cosas que no puedes hacer.

—

Esperamos que lugares y productos sean menos atractivos que en los folletos de propaganda, pero nunca perdonamos a los seres humanos por ser peores que sus primeras impresiones.

—

Si algo parece irracional —y lo ha sido por mucho tiempo— es probable que tengas una definición errónea de la racionalidad.

—

Cuando alguien empieza una frase con «simplemente», deberías esperar oír algo muy complicado.

—

La mitad de la gente miente con sus labios; la otra mitad con sus lágrimas.

—

Las reglas que explicas son menos convincentes que las que no explicas (o tienes que explicar).

—

Saber cosas que otros no saben es más eficaz cuando los demás no saben que sabes cosas que no saben.

SOBRE LAS VARIEDADES DEL AMOR Y DEL NO AMOR

En cualquier etapa, los seres humanos pueden tener sed de dinero, conocimiento o amor; a veces de dos, nunca de tres.

—

El amor sin sacrificio es como robar.

—

Puede que algún día perdones y te hagas amigo de alguien que te ha hecho daño, nunca de alguien que te haya aburrido.

—

El matrimonio es el proceso institucional de feminizar a los hombres... y de feminizar a las mujeres.

—

Lo que cuenta no es lo que la gente dice de ti, es cuánta energía gasta para decirlo.

—

Hay hombres que se rodean de mujeres (y buscan riqueza) para alardear; otros lo hacen principalmente por consumo; rara vez son los mismos.

—

Es más probable que quienes se refieren a ti una y otra vez como «mi amigo», sean los que te acaben traicionando.

—

Fuera de la amistad y el amor, es muy difícil encontrar situaciones con pringados bilaterales, de doble sentido.

—

Un enemigo que se convierta en amigo seguirá siendo amigo; un amigo que se convierta en enemigo nunca lo hará.

—

Asistí a un simposio, un acontecimiento nombrado en honor de una «fiesta de bebida» ateniense del siglo v (a. C.) donde unos no frikis hablaban del amor; pero lamentablemente no había bebida y, por fortuna, nadie habló del amor.

Los periodistas sienten desprecio por quienes les temen y un profundo resentimiento por quienes no lo hacen.

—

Recibirás la mayor atención de quienes te detestan. Ningún amigo, ningún admirador y ningún compañero te adulará con tanta curiosidad.

—

Si se usa con habilidad, un cumplido será mucho más ofensivo que cualquier menosprecio.

—

Los seres humanos necesitan quejarse tanto como necesitan respirar. Nunca los detengas; simplemente manipúlalos controlando aquello de lo que se quejan y dales razones para quejarse. Se quejarán, pero estarán agradecidos.

—

Cuando una joven se empareja con un hombre rico por lo demás anodino, puede creer sinceramente que se siente atraída por alguna parte de su cuerpo muy concreta (digamos que su nariz, su cuello o su rodilla).

—

Las heridas que nos hacen otros tienden a ser agudas; las autoinfligidas tienden a ser crónicas.

Cuando la gente te llama inteligente casi siempre es porque está de acuerdo contigo. De lo contrario, solo te llama arrogante.

—

Un buen enemigo es mucho más leal, mucho más previsible y, para el listo, mucho más útil, que el más valioso admirador.

—

Con frecuencia nos beneficiamos del daño que nos han hecho otros, casi nunca de heridas autoinfligidas.

—

Si mis detractores me conocieran mejor, aún me detestarían más.

FIN

La sabiduría no trata de entender cosas (y personas); trata de saber lo que te pueden hacer.

—

Las mentes platónicas esperan que la vida sea como las películas, con unos desenlaces definidos de la trama; las no platónicas esperan que una película sea como la vida y, salvo por ciertas condiciones irreversibles como la muerte, desconfían de la naturaleza terminal de todos los finales declarados por el ser humano.

—

El único problema del que ríe último es que el ganador tiene que reír solo.

EPÍLOGO

El tema general de mi obra es el de las limitaciones del conocimiento humano y el de los errores y sesgos encantadores, y no tan encantadores, al trabajar con cuestiones que están fuera de nuestro campo de observación, lo inadvertido y lo inobservable; es decir, lo desconocido, lo que se halla al otro lado del velo de la opacidad.

Puesto que nuestra mente necesita reducir la información, es más probable que intentemos encajar un fenómeno en el lecho de Procusto de una categoría clara y conocida (amputando lo desconocido) en lugar de suspender la categorización y hacerlo tangible. Gracias a nuestras detecciones de pautas falsas, junto con las reales, lo que es aleatorio parecerá menos aleatorio y más cierto: es más probable que nuestro cerebro hiperactivo imponga una narración errónea y simplista que ninguna narración en absoluto.[26]

26. Este pasar por alto lo oculto surge del «desprecio por lo abstracto» del ser humano (nuestra mente no maneja bien lo que no es anecdótico y tiende a verse arrastrada por las imágenes vívidas, haciendo que los medios distorsionen nuestra visión del mundo).

La mente puede ser una herramienta maravillosa para el autoengaño: no está diseñada para abordar la complejidad y las incertidumbres no lineales.[27] En contra del discurso común, *más información supone más errores*: nuestra detección de pautas falsas crece cada vez más como un efecto secundario de la modernidad y de la era de la información; se produce una discrepancia entre la confusa aleatoriedad del mundo actual, rico en información, con sus interacciones complejas, y nuestras intuiciones de sucesos, obtenidas en un hábitat ancestral más simple. Cada vez hay más disparidad entre nuestra arquitectura mental y el mundo en el que vivimos.

Esto conduce a problemas de incautos: cuando el mapa no concuerda con el territorio hay una categoría de pringados —los muy educados, los académicos, los periodistas, los lectores de periódicos, los «científicos» mecanicistas, los pseudoempiristas, los dotados de lo que llamo «arrogancia epistémica», esa maravillosa capacidad para desechar lo que no han visto, lo no observado— que entran en un estado de negación e imaginan que el territorio encaja en su mapa. En términos más generales, el pringado es alguien que hace la reducción errónea porque sí, o quita algo esencial cortando las piernas o, mejor aún, parte de la cabeza de un visitante insistiendo en que ha conservado su persona con un 95 % de exactitud. Miremos los lechos de Procusto que hemos creado, algunos provechosos, otros más du-

27. La ciencia tampoco es capaz de abordar con eficacia cuestiones no lineales y complejas que están llenas de interdependencias (el clima, la vida económica, el cuerpo humano), a pesar de sus éxitos tan publicitados en el ámbito lineal (física e ingeniería) que le dan un prestigio que nos ha puesto en peligro.

dosos: reglas, gobiernos jerárquicos, el mundo académico, gimnasios, viajes diarios al lugar de trabajo, rascacielos de oficinas, relaciones humanas involuntarias, empleo, etc.

Desde la Ilustración, en la gran tensión entre el *racionalismo* (cómo nos gustaría que fueran las cosas para que tengan sentido para nosotros) y el *empirismo* (cómo son en realidad) hemos estado culpando al mundo por no encajar en los lechos de modelos «racionales», hemos intentado cambiar al ser humano para que encaje con la tecnología, hemos amañado nuestra ética para que encaje con nuestras necesidades de empleo, hemos pedido a la vida económica que encaje con las teorías de los economistas y hemos pedido a la vida humana que encaje en alguna narración.

Somos robustos cuando los errores en la representación de lo desconocido y en la comprensión de los efectos aleatorios no conducen a resultados adversos, y somos frágiles en caso contrario. Los sucesos de Cisnes Negros[28] favorecen lo robusto y afectan gravemente a lo frágil. Somos cada vez más frágiles a cierta clase de autismo científico que, con confianza, hace afirmaciones sobre lo desconocido y genera como consecuencia problemas para expertos, algunos riesgos, una enorme dependencia del error humano. Como el lector puede ver por mis aforismos, respeto los métodos de robustez de la madre naturaleza (miles de millones de años hacen que la mayor parte de lo que es frágil se descomponga); el pensamiento

28. Un Cisne Negro (con mayúsculas) es un suceso (histórico, económico, tecnológico, personal) que no ha sido previsto por ningún observador y que comporta unas consecuencias enormes. A pesar del crecimiento de nuestro conocimiento, el papel de estos Cisnes Negros ha ido en aumento.

clásico es más robusto (en su respeto por lo desconocido, la humildad epistémica) que el moderno e ingenuo autismo pseudocientífico que es característico de la época posterior a la Ilustración. Así pues, mis valores clásicos me hacen abogar por el trío de la erudición, la elegancia y el coraje, al tiempo que se oponen a la falsedad, el frikismo y la ignorancia.[29]

El arte es robusto; la ciencia no siempre (por decirlo suavemente). Algunos lechos de Procusto hacen que la vida valga la pena: por ejemplo, el arte y, el más potente de todos, el aforismo poético.

Los aforismos, las máximas, los proverbios, los dichos breves y, hasta cierto punto, los epigramas son la forma literaria más antigua, con frecuencia integrada en lo que hoy llamamos poesía. Poseen la compacidad cognitiva del eslogan (aunque son más potentes y elegantes que la versión más popular de hoy en día),[30] con un toque de vanidad sobre la capacidad del autor para condensar ideas poderosas en un puñado de palabras, sobre todo en formato oral. En efecto, tenía que ser vanidad porque la palabra árabe para designar un dicho ingenioso improvisado es «acto de hombría», aunque esta noción de «hombría» no es tan sexista como suena y se puede traducir

29. Muchos ignorantes reducen mis ideas a una simple oposición a la tecnología cuando, en realidad, me opongo a la ceguera ingenua ante sus efectos secundarios, esto es, el criterio de la fragilidad. Prefiero ser incondicional acerca de la ética y condicional acerca de la tecnología que al revés.

30. Nótese la diferencia con los eslóganes de la televisión: el eslogan pierde información; el aforismo la gana. En cierto modo, el aforismo obedece al efecto «menos es más» de Gigerenzer y Goldstein.

igualmente como «capacidades del ser humano» (*virtud* tiene la misma raíz en latín, *vir*, «hombre»). Es como si quienes pudieran crear de este modo pensamientos poderosos estuvieran investidos de poderes «talismánicos».

Esta modalidad se halla en el centro del alma levantina (y del Mediterráneo oriental más general). Cuando Dios habló a los semitas lo hizo con frases poéticas muy breves, normalmente por boca de profetas. Pensemos en las Sagradas Escrituras, especialmente en los libros de los Proverbios y el Eclesiastés; por su parte, el libro sagrado del islam, el Corán, es una colección de aforismos concentrados. Y este formato ha sido adoptado en profecías literarias sintéticas como el *Zaratustra* de Nietzsche o, más recientemente, por mi compatriota de un pueblo vecino (y en guerra) del norte del Líbano, Kahlil Gibran, autor de *El profeta*.

Fuera de lo que ahora llamamos religión, tomemos los aforismos de Heráclito y de Hipócrates; las obras de Publio Sirio (un esclavo sirio que logró la libertad por la elocuencia expresada en sus *Sentencias*, potentes poemas de una línea que resuenan en las máximas de La Rochefoucauld) y la poesía del que suele ser considerado el más grande de los poetas árabes, Al Mutanabbi.

Los aforismos como frases independientes se han usado para exponer algo, para escribir textos religiosos, para que una abuela levantina aconseje a su nieto, para alardear (como he dicho antes en un aforismo, Al Mutanabbi los usó para decirnos, de manera convincente, que era el más grande de los poetas árabes), para componer sátiras[31] (Marcial, Esopo, Al Maa'rri), por los *mora-*

31. La mejor manera de medir la pérdida de sofisticación intelectual en la era de Internet —su «frikismo», hablando en plata— es la

listes (el Marqués de Vaugenargues, La Rochefoucauld, La Bruyère, Chamfort), para exponer una filosofía poco clara (Wittgenstein), para exponer otras filosofías relativamente más claras (Schopenhauer, Nietzsche, Cioran) y para enunciar ideas clarísimas (Pascal).[32] Nunca hay que explicar un aforismo: como la poesía, es algo que el lector debe encarar personalmente.[33]

Hay aforismos insulsos, los que dicen perogrulladas que albergan verdades importantes en las que ya has pensado antes (como los que hacen que la gente inteligente se eche atrás ante *El profeta* de Gibran); los agradables, aquellos en los que nunca has pensado pero te hacen decir «¡Ajá!» como si fueran descubrimientos importantes (caso de los escritos por La Rochefoucauld); pero los mejores son aquellos en los que nunca habías pensado y que tienes que leer más de una vez para darte cuenta de que son verdades importantes, sobre todo si el carácter silente de la verdad que contienen es tan poderoso que se olvidan en cuanto se leen.

Los aforismos exigen que cambiemos nuestros hábitos de lectura y los asimilemos en dosis pequeñas; cada uno de ellos es una unidad completa, una narración completa separada de otras.

---

creciente desaparición del sarcasmo porque las mentes mecanicistas se toman los insultos de una manera demasiado literal.

32. No es raro encontrar una misma máxima repetida por varios autores separados por un milenio o por un continente.

33. El aforismo ha quedado un tanto degradado (fuera del idioma alemán) por su asociación con la ocurrencia, como por ejemplo en los dichos de Oscar Wilde, Mark Twain, Ambrose Bierce y Sacha Guitry. El pensamiento profundo puede ser poético y ocurrente, como en el caso de Schopenhauer, Nietzsche o (a veces) Wittgenstein; pero, ateniéndonos a la distinción entre lo sagrado y lo profano, la filosofía y la poesía no son cosa de «el club de la comedia».

Mi mejor definición de un friki: alguien que te pide que expliques un aforismo.

Siempre he sido consciente de que mi estilo era aforístico. De adolescente me vi guiado por el poeta Georges Schéhadé (sus poemas se leen como si fueran proverbios), quien predijo que vería la luz y crecería para labrarme una carrera en la poesía cuando me librara de este negocio de las ideas. Más recientemente ha habido lectores que han generado numerosas alertas de *copyright* publicando citas de mis libros en Internet, pero nunca había pensado en reformular mis ideas (o, más bien, mi idea central sobre los límites del conocimiento) de esta manera hasta que me di cuenta de que todas estas frases se me ocurren de una manera natural y misteriosa, casi sin querer, sobre todo al caminar (lentamente) o al liberar mi mente para no hacer nada, o nada que exija esfuerzo, y pude convencerme de que estaba oyendo voces del otro lado del velo de la opacidad.

Cuando te liberas totalmente de limitaciones, de pensamientos, de esta actividad debilitante llamada trabajo, del esfuerzo, empiezan a mirarte de frente elementos ocultos en la textura de la realidad; entonces aparecen ante tus ojos unos misterios que nunca habías pensado que existían.

AGRADECIMIENTOS

P. Tanous, L. de Chantal, B. Oppetit, M. Blyth, N. Vardy, B. Appleyard, C. Mihailescu, J. Baz, B. Dupire, Y. Zilber, S. Roberts, A. Pilpel, W. Goodlad, W. Murphy, M. Brockman, J. Brockman, C. Taleb, C. Sandis, J. Kujat, T. Burnham, M. Ghosn (el más joven), S. Taleb, D. Riviere, J. Gray, M. Carreira, M.-C. Riachi, P. Bevelin, J. Audi (*pontem fecit*), S. Roberts, B. Flyvberg, E. Boujaoude, P. Boghossian, S. Riley, G. Origgi, S. Ammons y muchos más (a veces recuerdo los nombres de personas cuya ayuda ha sido esencial pero ya es demasiado tarde para expresarles mi gratitud).